# 從小玩到大 一路玩到發

越會玩，越成功的創意人生術

林富元——著

推薦序一

# 玩轉人生

宏碁集團共同創辦人暨前董事長　黃少華

晚近，年輕人開始流行斜槓（／）人生。鼓勵年輕人要有多方向的職能、職業、志業。可是我的好友矽谷創投家天使投資人林富元，這三十多年來早就是好幾槓的快樂人生組合。他不僅是成功的天使創投者，是七本暢銷書的作者，是到處受歡迎的演說家，是熱門音樂樂團的大玩家，是全球旅行玩家的規劃者。加上打得不怎麼樣的高球愛好者，什麼都玩，渾身上下充滿了活力。雖然本身帶有氣喘的小毛病，但是玩起來，包含在做有趣的投資案時，連氣喘都忘記了。

富元的橡子園 Acorn Campus 天使投資公司，早在二十多年前就已聞名遐邇，而幾位創辦人的名聲也都傳遍業界，讓人耳熟能詳。可是我和富元第一次眞正認識的時間並不長，也大約十五年前在一次大連的旅遊才開始。但可能我們兩人身上散發的是同樣愛玩人生的頻率，眞是人家所謂的一拍而合，一見如故。自此兩個人就膩在一起，一起投資，一起旅行，一起打球，一起分享，一起玩轉人生。

猶記得富元的第一本書，叫做《成功其實不夠，快樂才是至寶》，實在是太棒了！富元其實不知道，我當時看到那本書，才是至寶；因爲它把我心中所想的觀念，全部描述得很清楚，很完整。立馬買了數百本，送給週遭的朋友。因爲有好多的朋友，汲汲於事業的成功。但卻忽略了週遭美好的生活，實在是太可惜了。

沒想到，富元兄，又要出他的第八本書：《從小玩到大，一路玩到發》，又一拳打到我了：怎麼又是我的人生主題呢？

認識我的人，知道我酷愛打高爾夫球；可是我開始接觸高爾夫球時又是年紀已大，已經四十五歲。雖自認有運動神經，但腰已經轉不動，運動協調已不佳，已沒機會去練到好的技術，可是我也發現高爾夫球除了球技好壞之外，另外尙有很多迷人的好多地方。既然沒有機會來當 Golf pro，那就來當「Golf 玩家」pro，把高爾夫玩得盡興，玩得瘋狂。我可以最高紀錄一個人一天從一大早打到天黑，在十二小時內打了六回合一〇八洞。我也可以在颱大風，下大雨，攝氏三度的超冷天氣和同伴打完三十六洞，自我挑戰。我也在全世界遠征近討打過五〇〇個不同球場。在朋友圈中創下紀錄；我也喜歡在每場球賽中想出一些不同的遊戲來增加打球的樂趣。朋友也笑我是高球達人。又因爲對高爾夫球有這樣的熱愛，朋友竟然找我幫忙，在他位於桂林美麗山水景色的雕刻藝術公園——「愚自樂園」，要我當他顧問，讓我幫他們找球場設計公司，找球場建造公司。之後我還和球場設計師一起搞鬼，把球場的第一洞設計成陰陽太極的果嶺和沙坑造形，每一個球洞都有二到三座大型的雕刻藝術品，可以一邊打球，一邊欣賞藝術品的小九洞。這又讓我體會到另類的高球樂趣。能有這樣的可貴經歷，只因爲我的頭腦裡，一直在想，何事不可玩？

我常常說：「人生不要太拘泥就會發現很多有趣的事物。不要太在意今天自己處於什麼樣的環境，應該在任何環境裡都能去努力尋找自己存在的理由，或是什麼地方會有趣，然後努力地過得快樂。

我一生奉行「玩轉人生」，所以從二〇〇三到二〇一三年的退休生活中，玩得非常快樂，也結交了很多志同道合要一路玩到發的朋友。但也沒想到我的人生也被「玩轉」。宏碁公司在歷經二〇一一到二〇一三年的困頓，又把共同創辦人的施振榮先生和我找回去工作，還要我去當董事長三年。我的人生馬上像數位開關一樣，一下子從閒雲野鶴的退休生活，回去那7－11（早上七點工作到晚上十一點）的巨大挑戰。朋友開始笑我，那我還能一路玩到掛嗎？我說我這次不只「玩轉自己」，也去玩個更大的，因爲這次是「玩轉宏碁」，讓宏碁重新站穩腳步，去迎接科技環境的大改變。幸運地，也不辱使命，在達成階段性任務後，我在今年六月交棒出去，裸退下來；馬上又像數位開關一樣，又調到另外一個 mode。

在公司的三年七個多月中，我花最多的時間，其實是在開布道大會。在公司裡開了將近快四十堂的交流分享課程，和公司快三千多同事分享我的生活和工作的態度。我以商周創辦人何飛鵬兄的「專業，敬業，樂業」的精神破題，鼓勵大家，不只要把自己所從事的工作上的專業技能學好，這是專業的基本要求，之後要兢兢業業地去做好你的工作，達成你這份工作的最重要，也是最終的貢獻。這是敬業但更重要的是要能喜歡上自己所從事的工作，愛上你的工作，這才是樂業。而樂業的極致就是在玩，也就是在玩你的工作。這樣，你永遠不會感覺累，而所做的每一件事都會讓你處處充滿了成就感。有這樣的心態，你才是在玩轉你的人生。

當一個人能夠毫無懸念的對很多事情都抱著「玩」的態度，也才能隨時玩轉人生，而當你在玩轉人生時，你就會很自然地保有「一路玩到掛，一路玩到發」的信念；你會有容易在你的週遭集結了一群和你一樣地，會「一路玩到掛，一路玩到發」的朋友。就如同我馬上和富元兄立馬成爲莫逆之交。

以好玩的心態轉變自己人生，你的人生會忽然開轉變成充滿意義。如果覺得自己工作上班只不過是在混口飯吃，那就會每天像拖死狗般地沉重無聊。當一個人的事業，只剩下在餐廳與朋友們訴苦抱怨公司老闆時，是否已經等於在浪費生命？

更同意富元兄所說的，也就是新時代與過去最不同的地方。未來世界，越好玩的東西，就會有越大的商機。越好玩的工作，就會吸引越多最優秀的人才。而每個人的工作與事業，若有幸是他衷心喜歡的，他就會越幹越起勁，快樂滿足地每天投入。

在此，以此篇序文，來大力支持富元兄的理念。請記得，人生很短，一定要隨時玩轉自己，玩轉人生。一定要「從小玩到大，一路玩到發」！

推薦序二

# 人生與遊戲

聯電集團榮譽董事長　曹興誠

在中國文化裡面，「遊戲」一向是個負面詞。儒家推崇工作，要「立大志、做大事」；認爲「業精於勤而荒於嬉」，遊戲即「嬉」，自然是不好的。

如果我們聽說，中國禪宗佛學的最高境界是「遊戲三昧」，很多人恐怕會吃驚。佛學不是非常嚴肅、需要苦修的嗎？怎麼會跟遊戲扯上關係？

許多自以爲是佛教徒的人，經常燒香拜佛，祈求保佑；其實這些人只能說是「佛門外道」，沒有進入眞正的佛門。

要了解佛學，需要「理入」和「行入」。

「理入」，就是了解「緣起性空、眞空妙有」的道理；「行入」，就是要修行「止、觀」，以去除「自我」的糾纏，進到「天人合一」的境界。

什麼是「緣起性空」？佛教認爲，世上萬事萬物都受其他事物的影響，類似函數

Y＝F（X1,X2,X3……Xn），任何X數値改變了，Y數値隨之而變。Y就稱之「因X而緣起」。Y只能隨X而變化，不能決定自己的生滅大小，此稱爲「無自性」，也就是「空性」。所以空性就是會「隨緣」而生滅、變化的這種「性質」；不是空間的空，也非空無一物之意（佛教經典裡，有時也把「空」當成「無」來使用，因此要看前後文來決定空指的是什麼）。

因爲體悟萬事萬物不可掌握的「空性」，所以佛教開始的時候，相當消極遁世；教導信徒遠離世俗的紛擾，專心修禪，不問世事。釋迦牟尼逝世約五百年後，佛教產生了革命，主張用積極的角度看空性，提出了「眞空妙有」的主張；革命者稱自己爲「大乘」，把傳統佛教徒貶損爲「小乘」。

「眞空妙有」的意思是說，事務既然可以隨「緣」而改變，那麼我們調變這個「緣」，就可以讓事務向美妙有利的方向轉變；所以「五濁惡世」可以調變爲「人間淨土」，凡人也可以提升爲「佛」（佛即眞、善、美和智、仁、勇的結合體）。佛教因此轉爲積極入世；追求成佛稱之爲「菩薩行」，人人成佛前皆是菩薩。

從「眞空」到「妙有」，不僅是遁世到入世的轉變，也肯定了「變幻」的美學意義。如果世界只有夏天而無冬天，只有晴天沒有雨天，人生只有順遂而無困苦，那以前的詩人、畫家大槪都沒有題材可以入詩作畫。

了解以上的道理，就是「理入」；如何利用這個道理來離苦得樂，則要靠「行入」。行入絕非燒香拜佛，而是禪修。不禪修的人稱不上佛教徒，佛教經典裡稱之爲迷人或凡夫。

佛教主張，我們的知覺建立在「本覺」上面；這個本覺，佛教稱之爲「自性」、「本心」、「佛性」、「眞如」等等。我們的知覺與外界接觸後，產生了我們潛意識和意識；以後受到教育，我們又有了知識、主見。意識、主見創造出了我們的「自我」；這個「自我」是貪慾的化身，會綁架我們不停地向外需索，逼我們不停的思考，弄得煩惱疲累。

禪修的主要內容是「止」與「觀」。止，就是停止思考；觀，就是觀照身體和情緒。當我們把注意力集中在呼吸或其他身體動作上的時候（此即觀照），我們的思考就會停止。思考一停止，我們就可以跟「本覺」保持接觸，不受自我意識的干擾，體會到平安、喜悅和慈悲。禪修的原理就這麼簡單，其效果每個人一試便知。

經常禪修，我們就有機會「開悟」。

開悟其實就是一個「認同」的問題。好比海洋上的冰塊，如果它只認同自己是一個冰塊，它會覺得渺小、孤單、無助，時時擔心自己會融化，總是希望自己可以變得更大、更強，而對於其他比自己「強大」的冰塊感到羨慕、忌妒甚至害怕。

如果這位「冰塊先生」，了解到自己其實是海洋的一部分，它的憂慮、自憐、害怕瞬間就會消失，開始體會到自己無限、豪壯的本質，也會開始欣賞周圍一切的「眞空妙有」、奇幻美麗。這就是「開悟」和「解脫」，既不神祕，也不複雜。

今天科學家已經證實，我們這個宇宙除了「能（energy）」之外，其實空無一物。所謂物質，不過是「能」的互相綑綁和顯像而已。我們的身體是一個能量處理系統，心靈則不過是能的運動。本質上我們和宇宙就是「天人合一」的；這種天人合一的感覺，通過禪修，人人可得。佛教說，人人皆可成佛，就是這個意思。

在天人合一的情況下，我們連生和死的問題都超脫了，人活著就應該只是享受、玩樂而已。有人可能擔心，成天玩樂難道不需要擔心生活問題嗎？這就要看我們玩樂是消費性的，還是生產性的。音樂家們天天玩音樂，然後把成果分享出去，自然有許多人會掏腰包供養他們，不用我們擔心。所以要玩，就要認眞的玩，玩出心得，玩出附加價值。

我們開頭講過，中國禪宗佛學的最高境界是「遊戲三昧」，三昧是「samadhi」的音譯，意指時刻都能與「本覺」聯繫而處在定靜開悟的狀態。開悟後煩惱盡消，人生就只剩下遊戲；學禪的人則在自然平實當中，隨機教導別人開悟；這就是「如來最上禪」。

今天好友富元兄出了這本新書，並以我爲「一路玩到掛，一路玩到發」的樣本，我其實很惶恐。富元兄將我「趕鴨子上架」，以後我不玩都不行了。吊在烤架上的鴨子如何玩？我得好好想想。

推薦序三

# 好玩工作＝好玩人生！

法藍瓷總裁　陳立恆

矽谷富元兄邀請我爲他的新書《從小玩到大，一路玩到發》寫序，我欣然同意。雖然我們的事業歷程不大一樣，我選擇了自營企業的道路並自創品牌「法藍瓷」，他則成爲一位矽谷成功的創投家與天使投資人，但富元兄的人生歷程與思想見地跟我頗爲相似、對工作目標與人生追求則相近也相通。

除了爲法藍瓷披荊斬棘之外，我的一生也沉浸在音樂裡頭。大學時代我在「南方血統 Southern Breed」樂團擔任貝司吉他的演奏，算是與富元兄前後期的師兄弟。後來我與徐小波先生共創帶動七十年代台灣民歌文化的「艾迪亞」音樂餐廳，提供演唱機會給學生歌手，也給當時的年輕世代一個乾淨清新、貼近音樂的休閒場所。直到晚近數年，我也還繼續支持台北社教館的「城市舞臺」，讓愛好音樂的青年們擁有一個奔放發揮的舞臺！

這數十年來，我帶著「法藍瓷」同仁們南征北討，無論是去梵蒂岡見教宗，或是到歐美開拓市場、在大陸四處建立據點，披星戴月奔波世界各地吾亦甘之如飴。關心我的朋友與家人都會要我注意身體，減緩步調，但我告訴他們，我現在從事的工作，正是我喜歡做的事情，越做我反而會越快樂，身體才會更健康！

我想這就是「好玩一生」的道理。

所謂好玩，並不是形式上或表面上的玩耍，而是從發自內心去痛快一搏與努力奮鬥的瀟灑心態。如果朋友們以爲好玩只是大吃大喝或四處游蕩，那就錯解了「好玩一生」的眞意。譬如我創辦「法藍瓷」這個品牌，眞可以說是篳路藍縷，以啓山林地一路走來，直到今天也我還在繼續奮鬥。可是我認爲，辛苦只是一種旅程中的一道風景，牽引著我始終無怨無悔、高興快樂地在做自己喜歡的這件事，正是那種好玩的情致。雖然「法藍瓷」的未來，還有許多無法掌握的挑戰，但是我會一本初衷，勇往直前！

富元兄說得好，坊間有好多教人家如何創業如何募資開公司的書籍。加上這幾年亞洲創新創業的風氣開始盛行，做企業當老闆搖身一變從隱學變成顯學，創業家們變成社會新寵（尤其是科技界）。但我也注意到，眞正做企業的創業家在社會上還屬於少數，更多數的人則是一生苦惱於不知該如何找到讓自己痛快發揮的舞臺與機會，而市面上也一直缺乏引導個人如何充分發揮的教育啓發。

今天《從小玩到大，一路玩到發》這本書的出版，富元兄以幽默輕鬆的口語激勵大家，諄諄善誘地告訴每個人，你也可以充分發揮自己的天賦才能。我個人特別喜歡他分享自己人生的內容。富元兄謙卑地介紹自己不是明星學校出身的，也不是高材生，更沒有太多的好條件，但連他如此普通人都可以走出自己的路，做出一番氣象，建立自己的小天地，讀者們每一位都比他優秀，當然也可以！

回想自己創建「法藍瓷」，一路伴隨著眾多同仁與客戶們的傾心支持，大部分的人只看到「法藍瓷」產品光鮮亮麗地擺設在百貨公司的櫃檯，卻沒看到每一個產品每一份創作背後的心血，因此我也希望所有富元兄的讀者們勿忘一個道理，所有的辛苦、努力、奮鬥都是好玩的一部分，能玩就要能吃苦。希望富元兄能藉此書，讓讀者們與他一樣，可以擁有一個既好玩又成功的人生！

前言

# 新世代工作與事業的意義，與現在大不同

林富元

我是個跌跌撞撞開過多家公司的創業家，也是投資累積近百項目個中有成有敗的創投家，同時我在歐美亞洲平行從事天使投資也四十年。過去我寫的七本暢銷書，大多環繞著創新創業如何成功等主題。

但事實上，能走上「開公司當老闆」追求股票上市這樣成功途徑的人，在這世界上還屬於少數。幸好這個世界並非只有創業家能頂紅，大部分人還有兩種人生模式：一是跟隨標準程式，安全的上學畢業上班終老一輩子；另一則是秉持自己天賦才能盡情發揮，鋌而走險痛快人生。這本《從小玩到大，一路玩到發》就是獻給後者的。

數十年來科技發達，連帶創造了許多科技新貴，新起的英雄巨富每年目不暇接地出現。由於科技確實改變了人類的生活習慣，這個世界有段時間變成了科技當道，其他事情似乎只能沾邊，拿不上臺面？

幸好這個世界不是這樣的。

除了擁有現代光環的科技創新創業板塊之外，這個世界幸好還有更多五光十色精彩絕倫的不同選擇，讓不同的才華，淋漓盡致地在多元領域發揮。

我進一步相信，未來世界正是個人才華如百花齊放萬家爭鳴般地綻放的世代。憑著眞實的天分發展自己，隨便想想，就可以信手拈來這些好玩的工作。

藝術家，音樂家，漫畫家，插畫家，拍電影的，作曲的，編劇的，寫文章的，跳舞的，雜耍的，變魔術的，演戲的，做導演的，當起製作人的，唱歌的，自己不會唱歌卻可以評審別人的，講話的，講笑話的，說相聲或腹語術的，運動的，教你運動的，職業運動的，冒險的，職業冒險的，攀岩的，爬山的，打牌的，會聞酒品酒的，會吃美食講評的，會看電影寫分析的，設計服裝的，設計鞋子的，替人家選衣服鞋子的，幫你規劃生活的，教你怎麼生活的，當模特兒的，室內設計的，庭院設計的，種樹養樹的，替樹看病的，跟著Uber優步開車的，賽車的，修車的，現代農魚養殖的，替寵物看病的，訓練狗或寵物的，教寵物玩把戲的，會吃大量飯的大胃王……當然還有數不清開小餐廳早餐店或夜市小攤的……誰說這些工作就比科技業或創業家差？誰說這些獨特行業就不能出類拔萃？

千禧世代，行業早就不止三百六十行，說有三萬五千行也不誇張。而且這個世界正在從迅速變化進入超速變化，誰知道機器人與人工智慧普及以後，昔日「大家趨之若鶩的好工作」都會被重新定義成什麼冷門東西？過去認爲「誰要去做的那種事」會徹底翻轉成什麼新鮮玩意？

我個人認爲，新世代年輕人對他們喜歡的工作以及所從事的行業，看法都在快速改變。而且他們都在追求工作與事業的新價值、新定義。我提供四大不同：

1、未來是個一切「重新接線平臺經濟 re-wired platform economy」的世界，新價值必須超越「從無到有」，經由全方位平臺來顯現「使用者經驗的滿足」。例如蘋果手機平臺，亞馬遜電商平臺，社交平臺臉書、LINE、WeChat，阿里巴巴等一切平臺，從中提供個人化個性化精緻化的產品或服務。舊行業需要革新整合改造，不然就遭淘汰。

2、許多經由整合而重生的行業，會特別需求新世代具有垂直特殊才能與水平寬廣知識的新鮮人。抱殘守缺停留在舊時代思維的乖寶寶，將遭遇空前的替換。新世代新鮮人會要求工作是他核心才華的自然延伸，而且必須讓他的天賦才能淋漓盡致發揮。他們不要朝九晚五庸碌一生的工作，而要求工作必須含有大量的fun，要好玩！只要他們每天有趣，夙夜匪懈努力工作根本不覺得辛苦。

3、新世代變化多，新商機當然也多。所有你現在習以爲常的日常事情，每一樣都會被重新思考，每一樣都會被改換以新的方式來呈現來執行。你想像不到的新應用，會每天巨量出現，其中越好玩的，就越有機會成功。未來是自由多元的市場，讓你自主自由選擇。有才華又勇敢投入，你就會有機會。

4、新世界裡每個人都隨時都無間斷地連接著（connected），每個人也隨時在與大家分享著（sharing），一方面你無所遁形，另一方面你讓大家看到你知道你，你的機會就比過去高出千倍萬倍。有才華有本事的人，眞金不怕火的人，勇敢的秀出自己個人才華讓大家看見，新世代正是你如魚得水痛快發揮的時候。

在這四大不同的前提下，我們來探討要如何突破爸媽長輩師長與社會舊觀念加諸在你身上的桎梏牢籠？要如何善用新世代的變化，讓你達到「從小玩到大，一路玩到發」的痛快人生境界？

## ▶獻給所有懷才未遇的個人

二十年來我寫過幾本創業投資的經驗與心得分享，也寫過數本創業成功祕訣的書，都算是十分賣座的暢銷書。其中包括榮獲國家最佳商業書籍獎的，幫助了不少在創新創業領域的讀者們。

但一生中能遇上好機緣抓到好題目而開公司創業的人，在這世界上還屬少數。

更多的是那些具有與生俱來才華能力，但始終不曉得該如何發揮的朋友。這些朋友占世界上的大多數，而且大多終其一生懵懵懂懂不知道自己其實坐在寶山之上，卻到老空手歸去。

這些充滿才華的個人，他們沒有團隊，沒有資金，也沒有科技界熟悉的智慧財產，他們更不知道要如何爲自己隱藏的才能寫一份計劃書讓全世界看見。他們只隱隱約約知道自己的內心似乎一直在吶喊，吶喊著要追尋自己理想。但卻因爲從頭到尾不知道自己的天賦有多麼珍貴，以至於一生庸庸碌碌地浪費糟蹋了。

這本書就是要獻給所有這些懷才未遇的個人。

也獻給所有內心充滿能量與憧憬，但還不知道如何去發揮的人。

你與別人不同，你的一生不應該受別人拘束。是你的生命，更不應該依照別人的意見去打造。這本書希望能抒放你，還你自由，free yourself to do whatever you want！

爲什麼你的人生必須看別人眼色？你的職業使你一直只能在旁邊看人家玩的不亦樂乎？而你的生命就像是個永遠的局外人，無法找到屬於你自己的熱門遊戲？

希望本書能幫助你個人在新時代裡找到完全屬於自己的新成功，新快樂。

從小玩到大，一路玩到發！
千禧世代，好玩一生玩出成功快樂！獻給所有懷才未遇的個人！

# CONTENTS

CHAPTER 3

## 新世代成功玩家的必要條件

CHAPTER 4

# 誰在阻撓你痛快一生？



CHAPTER 5

# 我苦樂兼具的好玩人生

CHAPTER

# 不要再讓別人
# 打造你的生命

新時代，要用新態度去面對並抓住新機會。

千禧世代了，這個世界的變化又比過去加速加劇了許多。

面對如此顛覆的世代，有才華有潛能的朋友，是不是也該有千禧世代的新想法？以及對所謂「成功」這件事有新的思維與新的途徑？

其實未來趨勢早已不再是祕密。未來世界好玩的東西才有商機，好玩的工作才吸引得到好人才，好玩的事業才有可能造就成功快樂的一生。

當未來商場要求的標準與內容都被顛覆的時候，誰說好玩的人不會成功？

當新世代場景與應用都不同的時候，成績與功課不再有太大意義，那時誰敢說成績差就沒出息？

那種百花齊放萬家爭鳴的世代，誰有資格說你能力不足？誰有資格說你喜歡的工作是錯誤的選擇？你將來一定不會成功？

# 1.1 老爸寧可絕交，也不願優秀女兒跑去幹這行

我住在美國加州矽谷數十年，從我後山的院子可以看見整個矽谷大部分，遠眺山明水秀的灣區，當然也可以看見蘋果電腦施工多年終於竣工的太空船總部。

我們居住在山上別墅一段時間，傍晚時分經常牽著自家大狼狗到山邊小路散步，就這樣結識了附近鄰居幾戶台灣人家。其中有一家跟我們特別有緣分，沒多久就結爲好朋友。

這位鄰居王先生是很有成就的創業家，在矽谷篳路藍縷慘淡經營也成就了一番事業。我與他沒事就聚餐聊事業與市場，也會話家常。王太太與我太太也是經常聯絡的好友，彼此都很高興他鄉遇故知。

王先生有一子一女，掌上明珠大女兒莉莉（Lily）從小就是他最鍾愛的。大女兒漂亮，身材高挑，氣質又高雅，從小一直品學兼優。莉莉的特點是她充滿藝術氣息，富有想像力，喜歡創作。她在學校除了名列前茅，在社團活動也有傑出成果，普遍受到師長及同學的喜愛。高中畢業以後，莉莉順利的進入位於南加州好萊塢旁邊的著名的大學 UCLA（加州大學洛杉磯分校）研讀藝術創作。

過了幾年，我們先聽說莉莉順利從洛杉磯加大畢業了，大家都爲她高興。過沒多久又聽說莉莉在洛杉磯找到理想工作，今後會留那兒工作，暫時不搬回北加州團聚。我們雖然不知細節，但在這競爭激烈的時代，年輕一代能夠迅速找到喜愛的工作，我們當然也爲她感到開心。

沒想到，有一天忽然聽鄰居說王先生與回家省親的女兒莉莉激烈爭吵了好幾天，最後反目到拒絕再對話，不再溝通。我們也很快獲得證實，眞的王爸拒絕再跟女兒有任何溝通了。

哇，這是怎麼一回事？什麼事情搞得親近的父女變成絕交拒絕通話的嫌隙？

兩年過去，我們都沒再見到王家夫婦。終於有一天我們在山邊散步時，湊巧相遇。大家噓寒問暖之後，王先生說他不久之前和大女兒恢復感情，現在和好如初了。

好事一件！親情依舊，家庭和樂，這才是正道！

然後王氏夫婦才將過去兩年的變化娓娓道來。

莉莉在洛杉磯加大學習藝術創作時，就追求讓她能夠淋漓盡致發揮的方向。由於她與眾不同的特質，在校的時候她的作品就被不少藝術界人士注意到，還有畫廊青睞她，爲她辦了幾場發表會。

我自己親身體驗，大學時代應該就是孩子們破繭而出的時段。好一點的，快速適應獨立思考，認知自己。差一點的，多少也理解自己不能長遠扮演父母的乖寶寶，必須找到屬於自己的路徑。我自己的大兒子就是也在位於洛杉磯的南加大（University of Southern California）四年，回來後明顯成為一個不同的獨立成人（他也非常努力的表達，自己已經獨立不同）。我清晰記得那段時間，他變得與我的期待不一樣，所以與他不斷爭議當然也免不了。但經過彼此調適，我自己努力改變，我們又可以彼此接受了。

莉莉也不例外。她是藝術家，希望在藝術創作之上發展。不過「藝術」這簡單兩個字，其實包含了浩瀚多元的發展途徑，絕不容易。莉莉免不了在為追求自己理想與取悅父母期望之間而痛苦掙扎。但逐漸成熟的她，最終也在摸索嘗試之後找到了喜愛的方向。她自己決定了她未來要做什麼。

從最高學府畢業的莉莉，踏入了一份她喜愛的工作，變成一個在洛杉磯的專業「刺青師 Tattooist」！Tattoo Artist！刺青藝術家！

讀者們可以想像，保守的華人父母，將最疼愛的優秀女兒送到全世界最佳學府去深造，但四年之後，這位被期待要光宗耀祖的漂亮寶貝，怎麼忽然間跑去當一位刺青師？這是何等巨大的震驚。

王先生聽到這個消息時，果然氣憤到快要瘋掉。

什麼！我女兒想幹刺青師這種工作？
刺青師不就是電影裡總與吸毒者或罪犯或頹廢人物鬼混在一起的人？

刺青師不就是那些脖子手臂上刺滿奇形怪狀圖案，鼻子耳朵掛著大串鐵環的怪人？

王家父母當時激動反對：「絕對不可以！妳這只是任性鬼混！我們花了幾十萬美金把妳養大，盼望妳可以擁有高尚舒適的工作與生活，妳怎麼可以玩這鬼東西？」

但父母總會心存僥倖地想：「咱女兒應該只是暫時好奇吧？刺青這玩意兒玩玩就算了，怎可能當成一輩子的職業？或許過一陣子她就會回心轉意吧？」

但最終雙方還是面紅耳赤地爭吵起來：「妳如此任性攪和怎麼得了？以後妳如何嫁給體面的婆家？有哪個規規矩矩的男朋友要妳？」莉莉在與父母的溝通過程中，始終非常堅持：這是她自己嘔心瀝血後選擇的路途，爸媽此時不諒解，她也沒辦法，但她不可能妥協。

軟的不行，爸媽就來硬的：「如果妳一意孤行，不聽爸媽的建議，我們就不再提供妳經濟支援，看妳靠刺青能存活多久？」「妳完全是自己顧著玩，刺青算什麼職業？沒讀過書的也可以幹啊？妳堂堂大學畢業生，爲何要浪費糟蹋自己？」

最後，爸爸無法再忍受，只好無可挽回的使出殺手鐧：「除非妳換個正當的工作或搬回家來，不然妳就不再是我的女兒！我太傷心了！」

於是，這對彼此關心的父女，爲了彼此的尊嚴與堅持，在之後的兩年形同陌路，彼此拒絕溝通講話。

父女反目的這兩年，莉莉在洛杉磯吃了不少苦。她一本初衷，努力創作，將她的高端藝術思維融入傳統刺青，創作出令人驚豔的新穎作品。

兩年內，在洛杉磯這個影藝旺盛的城市，莉莉的作品一傳十十傳百地傳開了。當越來越多的高端客戶都聽說有這麼一位創新刺青藝術家，大家趨之若鶩地湧入莉莉開創的工作室。

「莉莉工作室」的刺青作品，有非常多好萊塢一流的電影明星爭先恐後排隊掛號。無論你是多大的明星，都要等上八個月到一年才排的到。每一個設計至少美金六千元起跳。如果需求特別主題或特別內涵，每個設計案子需要一萬二千元。

當王爸爸聽到莉莉的最新消息時，他崩潰地哭出來，心情也完全軟化了。

莉莉成功了！兩年的跌跌撞撞，慘淡經營，堅持執著，莉莉成功了！

兩年後的某一天，莉莉回到矽谷的家，與爸爸相擁而泣，兩人許久許久不能自已。今天的莉莉，事業越來越旺，名氣越來越大。至於她一年賺多少錢，我們就不用多說也不必猜，肯定遠多於上班的薪水。

莉莉的故事，對我來說，就是一個徹底顛覆古老思維，打破羈絆新世代年輕人籠牢的開始。

刺青藝術家莉莉的職業事業能否長久？她是否會堅持一輩子？未來這個刺青藝術家的工作是否還能一直賺很多錢？今天我們不得而知。

而這個例子，也只不過是不勝枚舉的年輕人走出新道路案例之一。莉莉玩刺青，玩出了她自己一條道路，玩出了她自己一套風格，也玩出了她自己無怨無悔的事業。讀者們是否有這樣的經驗？自己喜歡的事情，自己認爲是好玩的工作，卻遭到眾人的反對與藐視？還在猶豫思索的你，會怎麼突破？要怎麼處理？

我們來看看其他一些有趣的玩家，人家是怎麼玩出一番事業的？

## ▶ 酒鬼變酒仙

大陸一位年輕人阿倫喜歡玩酒，花費多年時間與積蓄沉迷在品嘗與研究葡萄酒與威士忌。他的爸媽快被這「遊手好閒，完全沒出息」的孩子氣瘋了，但始終拿他沒辦法。哪曉得，阿倫經過千辛萬苦自我磨練多年後，成功的考上侍酒師（Sommelier）證照，成為中國大陸第一位取得侍酒師金牌資格的品酒達人。

之前親戚長輩怎麼看阿倫都不順眼：「你每天花錢買酒，將自己打扮得像時裝雜誌封面人物，天天跟狐群狗黨在外高談闊論喝醉了才回家，是不是只想泡妞？」也有同輩朋友嫉妒傳言：「阿倫懂什麼酒，狗屁！他只不過在反芻其他專家的知識，賣弄網上閱讀得到的術語，四處忽悠，他算啥品酒達人？這玩意搞不久的啦！」

可是成為侍酒師的阿倫，在酒業與餐飲業掀起了一陣旋風，阿倫也成了電視媒體炙手可熱的酒界評論達人，讓那些批評他的人跌破眼鏡。適逢大陸餐飲業企圖提升水準追趕歐美，各地都來聘請他培訓、演講。阿倫自己也四處開班授課，建立起他品酒達人事業網路。

這是怎麼一回事？

阿倫的爸媽後來才瞭解，原來酒竟然是門很大的生意。像蘇格蘭這樣的小地方，每年光出口威士忌就有五十億英鎊左右，而且隨著亞洲區中產階級的人口快速上升，這個威士忌的消費量還每年在以破紀錄的方式成長。全世界都知道，蘇格蘭除了有水質氣候地理等先天優勢之外，最重要的就是他們擁有許多頂尖的品酒與釀酒人才。

又譬如美國加州的納帕城，它的葡萄酒在全世界算是後起之秀，但創新與推廣使得納帕城數十年來突飛猛進，在世界各地掀起加州葡萄酒風浪。光這麼一個小小的酒鄉，每年出口就達到一三〇億美金，它相關帶動的加州經濟金額爲二六〇億美金，相關帶動全美的經濟效益更達五百億美金左右。而懂酒或有釀酒技術的人，具有特殊味蕾能品酒分析的人，更是酒業界炙手可熱爭相聘請的人才。

品酒論酒爲生？這種以前被長輩視爲萎靡浮濫的事情，竟然有人高薪聘雇？明明是被傳統觀念歧視爲「酒鬼」的阿倫，居然天天意氣風發地在電視上品頭論足，還被恭敬地以達人老師尊稱。更不用說中國一堆跟風想提升爲米其林等級的餐廳，家家都邀請阿倫擔任顧問，使得阿倫每日往來無白丁，在大亨名流之間周旋著。

## ▶ 現代好鼻獅

類似的現象，在台灣也驚奇地發生。

近二十年來，亞洲人在世界舞臺崛起。亞洲人信心提升，中產階級人口暴增，帶動亞洲遠超世界的快速變化。以往被人家忽視甚至嘲笑的日本威士忌，在全世界都有跨國大酒商年年搶購而不可得，市場上早就供不應求。

我常到矽谷附近的大盤酒商找好東西。那裡的經理告訴我，以前日本威士忌是放在架子上不大顯眼的地方，少數人偶爾會買一瓶試試。現在日本酒全世界在搶購，貨到了之後，根本還沒進門就已被預訂一空，剩餘還有的存貨就擺上正前方鎖起來的玻璃櫃裡，只看不賣。

我自己就經常抱著錢去購買「山崎」、「余市」、「白州」、「Nikka」等日本普及的威士忌名牌，可每次都失望地空手而回。更別說已經停產多年的「Kuraizawa 輕井澤」。「輕井澤」這個被人捧爲神仙般的日本威士忌酒，大家只能流著口水幻想期待，但永遠都喝不到。看官們知道麼？威士忌酒拍賣，全球最貴的幾瓶酒之一就是「輕井澤」！在二〇一七年拍賣時，一瓶一九六〇年出籠的五二年「輕井澤」，就打破自己先前的世界紀錄，賣了一瓶十二萬八千元美金。假如一瓶七五〇毫升的酒大約六杯來計算，也就是說，你隨便喝上它一杯就等於喝掉了二萬一千元美金，也就是六十四萬台幣，十三萬人民幣。哇！誰還敢小看釀酒師？

如果十幾年前有人問我台灣有沒有威士忌酒產業，我可能搖頭說，不大可能吧？但如果你今天還問我這個問題，恐怕我要倒過來笑先生您太孤陋寡聞了。

讀者們就算不喝酒，應該也知道台灣正迅速地晉升爲全世界尊敬的威士忌重要產區吧？

看官們知道麼？台灣的威士忌酒這些年來年年在國際競賽中脫穎而出，屢次奪得大獎。

台灣金車酒廠出品的「噶瑪蘭 Kavalan」，剛出道時，我在華航跨太平洋班機商務艙裡，空姐如果問我要選哪一種酒，我都會捨棄「噶瑪蘭」而選擇比較有信心的「藍牌 Johnny Walker」。有一次飛機上沒有我熟悉的威士忌，就試喝了「噶瑪蘭」。哇，不喝則已，一喝立刻驚爲天人。何時台灣釀造出這麼棒如此可口又有深度的威士忌！

果不其然，近年來台灣「金車噶瑪蘭」也比照日本威士忌產業，被追捧成供不應求了。你走進美國的經銷店，會看到以往隨意放置在櫃檯角落的「噶瑪蘭」，今天變成擺放在正中間玻璃櫃裡，需要特別鎖起來的名貴酒。

而台灣另一個酒廠「南投酒廠」，就有一位在釀酒業糾結沉澱了數十年的潘結昌廠長，他擁有超敏銳的嗅覺與味蕾，近年來是大家公認的台灣釀酒達人。

我不認識潘結昌，但綜合觀察他這位台灣土生土長的釀酒老傻子，一生奉獻給釀酒事業。從公賣局開始到南投酒廠廠長，這位以前默默無聞的好鼻獅，現在已經變成電視節目的寵兒。但你怎麼看他，都不像GQ雜誌那種品酒達人花俏的模樣。這就是台灣有本領的人之典範。潘廠長溫和內斂，謙虛木訥，就是台語所謂的「古意人」（善良人，Nice Guy）。但他一聊起自豪的台灣威士忌 OMAR，立刻變成虎虎生風，而開口字字珠璣，犀利通達。

台灣在世界威士忌酒市場裡，從名不見經傳迅速晉升爲重要產地，潘結昌是主要推手之一。從他手中誕生了世界第一名的台灣茘枝酒，到現在讓歐美大廠每年排隊來大量預購的 OMAR 威士忌酒，都是潘廠長領導首創的傑作。

讀者們可以上網去看，若是查詢 OMAR 台灣威士忌，歐美品酒網站大多給 OMAR 評分是五顆星的滿分。他們一般對老大哥蘇格蘭最好的威士忌，評價最多也就是四顆星。如果你還對台灣的產酒事業有所懷疑，拜託拜託你早早醒來。

在完全沒有什麼政府策略性加持，也沒有什麼「兩兆雙星」之類的炒作，更沒有政府領軍大舉盲目對生科與製藥投資，台灣的造酒就靠草根力量夙夜匪懈地努力，憑著潘結昌這位好鼻獅特有的嗅覺與味蕾，爆發了台灣威士忌站上世界舞臺的風光。

「好鼻獅」潘結昌在幹的事，讓四年級五年級這一代所謂的成功人士（像我一九五〇、一九六〇年代出生的）看，肯定要恥笑他「不務正業」、「有啥指望」？當年科學園區那些科技精英會反對他：「不要浪費資源，你潘結昌不就是能力不足，進不了台積電，才落魄到酒廠去搞沒有明天的台灣威士忌。」

現在年代不同了，潘結昌在晦澀的角落裡玩台灣本地酒玩了一輩子，無人知曉，乏人問津。今天他一躍而成台灣製酒業無比珍貴的資產，也啓動了台灣征服世界威士忌市場揚眉吐氣的新希望。

## 1.3 千禧世代，以前看不起的行業，今日大行其道

### ▶ 廚子英雄

美國加州矽谷在全世界科技界獨領風騷五十年了，在這塊寶地誕生了當年的IBM、HP惠普、Apple蘋果，以及晚近的谷歌Google、臉書Facebook，還有電動汽車的特斯拉Tesla，矽谷創新源源不絕，同時也造就了代表不同時代的新貴與英雄。

華人在矽谷也沒有缺席，像現在股價不斷攀登新高的NVIDIA黃仁勳、YouTube創辦人陳士駿Steven Chen，都是聞名全球的英雄。還有一些在矽谷取過經然後海歸成功的，像百度李彥宏、阿里巴巴馬雲，以及台灣新竹科技園區早期創業成功者。不過如果今天你問我，有哪位華人在矽谷耕耘超過五十年還一直成功的？我立刻會告訴你，在我心目中，有資格稱得上這麼一號歷久彌新屹立不搖的人物，非「喜福居Chef Chu」中餐廳的老闆朱鎮中（Lawrence Chu）莫屬！

數十年前我搬到矽谷開始工作的第一周，同事就帶我上了矽谷中心帕洛阿圖市

（Palo Alto）的「喜福居」。當年中餐館還被白人社會認爲是低消費層次，但「喜福居」卻一路以來都在吸引著最上層的精英，好萊塢電影明星，以及多屆美國總統（除了現在大亂的川普）。無論是IBM或HP的領導人、APPLE的創辦人，以及後來世代交替的科技界傳奇人物，幾乎大多曾經是「喜福居」的座上客。今天你進入「喜福居」大門，很快就會看到臉書創辦人馬克．祖克伯與老闆朱鎮中的合影照（還有林書豪、騎士大帝詹姆斯等等）。我本人就親眼目睹馬克．祖克伯跟他太太在「喜福居」二樓享用晚餐。

最近一次的CNN評論，選出全美國最佳中餐廳，創立五十年的「喜福居」還是排在第四名，法國米其林評等也長久一直選擇「喜福居」爲推薦餐廳，歷久不衰。

數十年來，我在「喜福居」餐廳吃飯與宴客不下百次，經常看到老闆朱鎮中穿梭在餐廳裡一桌桌地與客人哈拉聊天。如果你是第一次見到，你會以爲，這個老闆就是做公關，難怪生意一直這麼好。

其實不是這回事。我認識「喜福居」老闆朱鎮中幾十年了，看著他從三四十歲到現在七十歲，還是每天一頭未染色而天然烏溜溜的頭髮，以愉悅的笑容精神抖擻地與每桌客人稱兄道弟，不論你是白人黑人印度人中東人或是華人，都會立刻被朱老闆渾身是戲的喜感傳染，不約而同地酒酣耳熱，開懷大笑，大吃大喝。

朱老闆多次告訴我，他是性情中人，每天都迫不及待地到餐廳，像小孩進了遊樂場那般玩的高興開心。他這種誠摯的態度，就是不斷吸引更多客人偕老帶幼捧場的主要原因。矽谷五十年來改朝換代多次，「喜福居」卻始終還是光芒萬丈最令人驚豔的中餐廳。朱鎮中個人每天晚上像個紅太陽般地發散光芒給顧客，帶給消費者溫暖溫馨，我眞是服了他。

其實餐廳老闆與客人打招呼表示歡迎，並非啥絕招，所有餐館的老闆經理天天都在如此嘗試著。朱鎮中不一樣，他在自己的餐館好像歡迎老友般地熱絡歡迎所有人，顧客感覺的出來，這是他的眞情流露，眞誠地要大家開心，而這家餐館確實是他的眞愛。他這種完全融入的玩性，就會毫無保留地傳染給每位客人。

現在七十多歲的朱老闆，住在矽谷最昂貴的地區之一，家財萬貫，早就可以退休過好日子。但朱鎮中告訴我，每天按時到餐廳炒菜以及與客人打交道，對他來說從來就不是工作，而是不玩不開心的每日遊戲。他跟我一樣出版了好幾本書還有食譜，也經常接受美國主流媒體專訪與報導。朱老闆更關心社會，經常捐獻，擔任義工不落人後。所以我要提醒大家，當我們迷信於那些神仙般的科技大佬或財團氣勢，不要忘記「行行出狀元」的眞理。媒體封面上被造神的張忠謀或郭台銘固然彪悍，但這世界上也多的是那些默默在追求自己理想，發揮自我愛好的人，他們也在不同領域長久貢獻奉獻。別小看人家開餐廳。朱老闆有五個孩子，每個都有成就。就拿他最小的兒子朱浩偉（Jon Chu）來說，這幾年是好萊塢頂夯的主流大導演。朱浩偉導的片子都是票房賣座片，像《舞力全開》（*Step Up 2*）、《舞力全開 3D》（*Step Up 3D*）、《小賈斯汀：永不說不》（*Justin Bieber: Never Say Never*），以及膾炙人口的《特種部隊 2：正面對決》（*G.I. Joe: Retaliation*）與最新的《出神入化 2》（*Now You See Me 2*）。我猜想，兒子拍的電影都是玩樂大片，大概跟老爸樂觀好玩天性有點關係吧？

## 餐飲業新紅人，翻轉古老概念

「喜福居」餐廳老闆朱鎮中成爲矽谷社區名人，在千禧世代絕非稀奇罕見的特例。吃飯與餐飲業這件事，也隨著時代變化，人類生活方式蛻變，正在迅速地脫胎換骨中。我將餐飲業還有廚師的發展定義爲三個趨勢：

### 吃飯不再只是吃飯

高端餐飲業現今強調的趨勢是整體感受。你上米其林 Michelin 等級的餐廳，無論一顆星或是三顆星（像納帕酒鄉的「法國洗衣房 French Laundry」，作者幾年前有幸嘗鮮過這家全球評選爲最佳餐廳，其驚豔感受至今難忘），今天上道的高檔餐廳提供的都是色香味加上氛圍與服務全方位享受。你要說米其林等級的餐廳服務好像是在作秀，也不爲過。現代的好餐飲服務，除了東西必然好吃外，得讓你感覺你是頂尖客戶的那種虛榮。爺們上館子吃飯，已經要花錢了，何不讓餐廳施展渾身解數讓你感受那片段尊榮。賬單來了以後當然會貴到咋舌，但你也飄飄然覺得值得。

## 廚子不再只是廚子

以前的餐廳爲了提高身價，喜歡在牆上掛起與名人的合照，尤其是電影明星或運動名將。這年頭的著名餐廳，翻轉爲許多名人要合照的對象。像法菜大廚侯布雄（Joel Robuchon），英國以前的茱莉亞・柴爾德（Julia Child），到今天的傑米・奧利佛（Jamie Oliver），美國的 Thomas Keller（「法國洗衣房 French Laundry」老闆）以及靠電視成名的惡漢戈登・拉姆齊（Gordon Ramsay）或是搞笑大廚艾默利・拉加西（Emeril Lagasse），還有我很喜歡的沃夫甘・帕克（Wolfgang Puck）。他們的共同點，就是待在廚房烹煮的時間大大減少，在外面拋頭露臉與名人合照的時間大大增加。而且你去了名廚餐館，不但當場讚不絕口，日後還會不斷的忽悠朋友同事（或是火速PO在臉書），巴不得讓全天下人知道你與某位名廚握了手。以前或許是你提高餐廳身價，今天肯定是名廚在提升你的身分。

## 餐飲業不再只是餐飲業

不曉得你們有沒有注意到，今日世界的「餐飲」業早已從單純填飽肚子提升爲地區文化？更晉升爲時代趨勢的重要指標？韓風？日本流行風？高貴追求法國大餐的跟風？台灣夜市風？我前幾年去俄國旅遊，一路上看到這共產國家在莫斯科與聖彼得堡重視地推廣俄國餐飲風味（印象最深的是烏克蘭菜湯），讓我印象深刻。晚近幾年也有越來越多的全球飲食評估比較，泰國菜連續好幾年被評價爲最佳餐飲，促使泰國變成全球旅遊第一聖地，賺進大筆外匯。所以「餐飲業」是娛樂業，也是觀光業，更是農漁業民生企業整個價值鏈的頂端極緻，GDP的重大組件。

不止如此。全球廚師紅人今日的發揮今日空間，早已超越了傳統思維所能理解的境界。

打開電視，看見全世界廚師教學與餐飲介紹的節目大行其道。這些節目從介紹餐飲到烹煮競賽（像風行全球的日本「料理鐵人」節目），還有四海旅遊四處嘗鮮，各地佳餚介紹，都是大家愛看的夯節目。而上個世代被視爲是粗淺工作的廚師，今天只要有特色，就會個個搖身而變成爲媲美名流，受人尊敬的紅人。

美國就有一大堆每天二十四小時講吃喝玩樂的頻道。譬如「飲食頻道」（Food Network），旅遊頻道（TRAVEL Network），還有講時尚的 Esquire Network，這幾年他們創造出好幾位不可一世的廚師天王。幾年前有位烹調技術一般的紐約廚子安東尼・波登（Anthony Bourdain）寫了本跟餐廳略有關聯的暢銷書，被飲食頻道聘請製作了一系列他個人在鏡頭前抽菸喝酒，醉醺醺地發表臭屁意見的節目。沒想到立刻大紅特紅，過了幾年還被 CNN 重金挖角過去，今天已經紅到變成社會意見領袖。

我自己欣賞的則是另外一個叫做《古怪異食物》（Bizarre Food）節目的主持。

這個節目主持人安德魯・席曼（Andrew Zimmerm）也是個廚子，肥胖身材，光禿圓潤的頭，平易近人的口才，非常討喜。他在節目裡四處尋幽訪勝，到各大洲發掘隱藏的古怪飲食，介紹稀奇的風土食物。他號稱任何食物都敢吃，而且經常在節目裡吃給大家看。例如吃昆蟲，吃各種生食，吃古怪的內臟，都是例行公事，果然節目爆紅。他的節目最近還分支出另一個段落叫做「Delicious Destination 甜美勝地」。安德魯創造過一句大家喜歡的名言：「If it looks good, eat it！（如果這東西看起來好，就吃下去吧！）」

附帶一提，安德魯在節目上承認自己在三樣食物上吃了敗仗：你猜，這位號稱什麼都敢吃的節目主持人，最害怕的是哪幾樣食物？

東南亞的榴槤！（這我非常同意）

台灣的臭豆腐！（這絕對是他在台灣的導遊沒有盡到說明的責任。臭豆腐根本不臭！吃起來香脆的很！）

還有完全出人意料之外的一項：Walnut核桃！（安德魯說，不曉得爲什麼，他從小就對核桃的結構與質地無法接受。他自己都覺得很可笑！）

我讀過很多名廚傳記，也看過數十部介紹著名餐廳與大廚的電影。我發現，是否新世代紅不讓的名廚（包括台灣大陸香港新加坡的華人名廚）都有這幾項特點？

他們從小就對烹飪與餐飲有熱愛，願意奉獻一生給這個行業。在發跡的過程中，他們一定都受盡挫敗與折磨，遭遇他人的譏笑，評論家的奚落。許多廚子投降放棄了，剩下來幾位不屈不撓的，最終就開創了完全屬於自己的路子與風格，成爲舉世聞名的名廚。

好幾位成功的世界級廚師都在傳記裡說，他們當年入行時不被看好，也遭受家人反對與親人抗拒（離婚的不少）。對他們來說，外界的阻力不足畏懼，來自家人內部的反對才是令他們寒心的最大困擾。但自己的熱愛與自己想幹的事，只有自己最清楚。如果你不堅持，誰會替你堅持？

烹調料理，玩玩是一回事，將它定位成一生事業可就完全是另一碼事了。名廚們共同指出，想在餐飲業出人頭地，是無法用「玩票」的態度去達陣的。要玩，就玩到底，以沒有退路的決心玩下去。

我想起一位與我認識數十年的大亨好友，協助他美國首屆一指MBA畢業的學院高材生兒子開韓風餐廳。孩子覺得餐飲業是現代紅人焦聚場所，也是新世代的時髦風情聚點，所以就跟風花大錢投入韓風餐廳。但這種看見風潮之後跟時髦追風搶紅的小聰明，通常基礎比較脆弱，風吹就倒。而且他的孩子退路太多，又有其他機會，果然幹不到一年就草草收攤了。看別人玩的開心又成功，好像都很容易？輪到自己玩下去，唉？怎麼就不一樣了？

上述這些翻轉成功的玩家，是不是帶給諸位一些顛覆傳統的看法與想法？

CHAPTER

# 2

# 新世代成功玩家都是怎麼玩出頭的？

新世代人類的生命，不應該被別人的意見打造！

別人的看法，包括最關心你的爸媽或最親密的配偶伴侶，或許來自於他們的真誠關心，但不要忘記，他們不是你。命是你自己的，命運當然得按照你自己的嚮往與渴望來開拓。

不久之前看了一部年輕人的電影叫做《愛上火星男孩》（*The Space Between Us*）。這部電影講的是一個在火星誕生的男孩（母親是長駐火星的太空人），十六歲時終於有機會回到地球。他到了地球，結識了喜愛的女孩子，但由於他的身體無法長期接受地球的地心引力，最終還是得回去火星。在地球驚豔的短短過程裡，他發現自己熱愛地球，但卻無法瞭解人類的複雜，好像只有他這個從未踏上地球過的男孩子說眞心話，做眞心事。女孩告訴他：「地球上的人都自己搞亂了，everybody is trying to be someone who they are not，每個人都在企圖僞裝成不是自己的別人。」

這部電影不是什麼名片，最多也只算是拍給青春期高中生看的中等格局，但它刻畫地球人類對自己失眞錯亂的特性則十分有趣。有時候我們自己想想，還眞沒錯，生活裡我們常將自己投影爲羨慕的別人，忘記眞正的自己。不曉得眞正的自己是誰，不知道怎麼做自己，是人生大恐懼之一。

大概同一時間，還有另外一部叫做《直播風暴》（*The Circle*）也提出了一些論點。這部電影雖然有大明星湯姆．漢克斯（Tom Hanks）以及哈利波特裡的女星艾瑪．華森（Emma Watson）領銜主演，但成績平平，不能說是好片。

不過電影裡頭一個觀念則道盡了每個人的心聲。女主角艾瑪．華森在接受直播公司面試時，被問了一個問題：「你人生中最害怕的事情是什麼？」

她不假思索就回答：「Unfulfilled potential，未能充分發揮自己的潛能！」

原來我們每個人心中隱藏的恐懼是相同的，就怕這一生懵懵懂懂的活過去。

人生大恐懼之二，我們懼怕自己來到這個世界，卻無法充分發揮在內心吶喊多時的燦爛才華與光輝能力，如此我們的人生不就變成白來一趟了？

如果連做自己選擇自己終生事業都必須虛僞假裝，那你還剩下什麼？如果連發表自己展現自己才華都得顧前瞻後，那你究竟是在爲誰而活？千禧世代，新機會越來越多，而且特別適合具有特殊才能及特色個性的人才，你何不開始大大方方的選擇自己愛玩的事情來做？

遭父親拒絕往來的刺青藝術家。

一路挨罵的品酒達人。

謙虛木訥的釀酒好鼻獅。

奉獻一生的快樂廚子。

不用開伙，在電視上大放厥詞而火紅的名廚。

這些被傳統觀念輕視的行業，現在翻轉爲當紅炸子雞。

…………

選擇玩自己喜好的工作玩出名堂。這些大玩家，他們除了收入豐富之外，各自的獨特性質也爲他們贏得新世代更爲寬廣的接受度，帶來他們今天的社會名流身分與影響力。

能玩大的，當然不止這些。

可能成功的大玩家？開餐廳或賣小吃的例子夠多了，其他還有很多新世代特別願意接受的玩意，跳舞、畫畫（漫畫、卡通、各種繪畫）、玩搖滾、講笑話的，離開科技界轉行農耕，搞身心靈療或專業勵志，喜歡語言而改行從事口語翻譯，你不得不服氣的那些充斥在電視上的政論家，走上街頭運動帶出影響力的叛逆，你不知他在做什麼的收藏家卻富可敵國……。這個世界的關注與崇拜，不再只歸屬於那些光鮮亮麗的企業家政治家或大明星。今日社會的影響力，也不再只來自於那些高端人物或傳統領袖。原來華人古語所說「三百六十行，行行出狀元」的眞確觀念，到了千禧世代，因爲隔閡打破，屏障鏟平，行行出狀元的世界才眞正全面實現。

你想不想自己也成爲那既可痛快玩樂喜歡的工作，又可以玩出一番氣象的大玩家？

所以我要問你，你是否還相信只有醫生、律師、科技公司老闆、銀行董事長，才是夠偉大的人生指標嗎？（我自己出生在醫生家庭，卻可以第一個告訴你，醫藥界確實是好職業，因爲他在救人助人。但醫藥行業並非每個人的烏托邦理想行業，它有一籮筐的問題，而且問題還在不斷增加。糾紛頻增，保險複雜，管理困難，以及公務員制度平衡掉了往昔醫生自認高高在上的錯覺。我有許多親人長輩都是醫生，其中多的是覺得入錯行而一生不快樂的。）

行行出狀元，自古以來就有不勝枚舉的好案例，這本書當然不是第一個「發現」這個重大趨勢的。但在千禧世代多元化的社會裡，中產階級數量暴增，全球消費能力普遍提升，全盤經濟已經從「從無到有」轉進爲「從有到好」以及「從好到精」，從追求安穩到追求多元有趣，從追求滿足到追求個人個性化，從追求溫飽到追求品味化與完整全方位享受，行行出狀元的機會就跳級成爲昔日的千百倍了。

## 2.1 重新定義新世代的「成功快樂」

二十年前我出版過一本書叫做《成功還不夠，快樂才是至寶》在那一年暢銷多版（大陸人民出版社簡體版改編為《成功快樂人的12特質》，也暢銷賣了好多年），還榮登金石堂連鎖書店全年生活書籍第二名（輸給了S.H.E.的第一本寫眞集，輸的心甘情願）。

那本書轟動，出版社為我辦了數十場巡迴演講以及接受各地專訪。無論是數百人的大型演講，或是電視電臺專訪，記得大家最喜歡問的問題，就是「林老師，可不可以為我們做一個成功的定義？然後如何能夠成功快樂？」

當時我的回答有好幾個版本，同臺的成功者在切磋中也提出類似的見解。大家同意最貼切的成功快樂定義，就是「做你喜歡的事情，過你喜歡的生活」。然後當時的劉兆玄院長為我畫龍點睛，添加了一個附註：「喜歡你在做的事情，喜歡你在過的生活」。同樣的觀念，正反雙向，完整詮釋了成功快樂的精義。

成功快樂：「做你喜歡的事情，過你喜歡的生活。喜歡你在做的事情，喜歡你在過的生活。」

再進一步分析，這個答案有兩個層次。第一個層次：「做你喜歡的事情，過你喜歡的生活」是大家嚮往的理想。但大多數人徒勞一生，並未幸運地得過如此完美安排。所以反過來，如果命運未曾讓你事事順心，你別無他法，就只有嘗試改變態度，翻轉人生，使你自己「喜歡你在做的事情，喜歡你在過的生活」。

第二個層次：我與偌多的股票上市公司或投資基金老闆同臺討論這個問題，二十年來沒有任何一個人提出過「賺大錢，赫赫有名，地位崇高，兒孫滿堂，風光偉大」，爲成功快樂的必要條件。也就是說，大家有一個共同的希望，希望自己的人生能夠單純地按照自己的喜愛去淋漓盡致發揮，這樣就好。

以上是前半段。後半段比較複雜，也可能沒完沒了：「要如何達到成功快樂的境界？」

我從過去就一直駁斥當年十分流行的一種說法：

某某成功的企業主在台灣大陸生意興隆但非常不快樂，於是他去了不丹（可以用尼泊爾、西藏，或亞馬遜流域部落來取代，意思是一樣的）住幾個月，看到當地人民簡樸快樂，從此大徹大悟，尋回自己的快樂。

類似的故事不斷地在坊間以不同方式陳述著，我個人覺得這是似是而非的謬誤見解。

是不是買得起機票去得起不丹尼泊爾的老闆才能尋得快樂？而去不起人間樂土的農民工人就注定要愁眉苦臉？當然不是。

後來我在《超快樂，帶你突破逆境》（新版本改名爲《用快樂投資人生》）一書裡提出「超快樂 Super Happiness」這個名詞，建議眞正的快樂並不需要到邊疆野外觀摩他人才能獲得，而是始終一直存在於你兩道眉心之間。

今天來到了千禧世代，我就將超快樂再重新使用。超快樂的定義，說的是「不需要任何條件，而本來就存在於心中的自然快樂」，你只要在兩隻耳朵之間的腦袋裡找回它，就可以達到「超快樂」的境界。在自己腦袋裡頭達到超快樂的境界，就是在心中不被四樣壞東西侵擾。這跟你去不去尼泊爾不丹或西藏閉關修行，一點關係都沒有。避開這四樣壞東西，超快樂永遠是你的。這四個製造「不快樂」的壞蛋，每個人多少懷抱一點，受擾一點，誰也無法完全倖免：

- 缺乏安全感
- 喜歡比較
- 得不到尊重
- 無法淋漓盡致發揮

**缺乏安全感**：錢不夠、家中不寧、社區鬧事混亂、自己或家人身體不好健康有問題，景氣不佳工作似乎不穩，甚至國家與世界的動盪不安……等等。

當你成功一點的時候，這方面的症狀可以相對減輕。並非這些安全問題消失了，而是當你比較成功的時候，你可以選擇的選項就多了。錢比較夠了，家人比較安心了，不喜歡的社區你可以立刻搬離，健康問題很棘手但至少你可以多多請教名醫，景氣不佳但你的財氣長了一點可以熬過去，國家與世界動盪不安不容易搞定但你可以有多重選擇來避險……。容許自己增加彈性，給自己多一些選擇，可以改變的就盡量改變，無法改變的恐怕也輪不到你擔心……都是改進「安全感」之道。

**喜歡比較**：有朋友告訴我，說他早就超越你們這些世俗，因爲他從不比較。我就告訴他，你這是睜眼說假話，自我欺騙，自欺欺人。比較，並非得等到你說出來或寫下來才算；比較，是每天二十四小時在你的知覺裡無形無色不斷滲透的壞東西，更混雜存在於你潛意識裡無法躲避。跟兄弟姊妹比，與同事朋友比，走路時經過比你漂亮的房子，開車時看到滿街比你瀟灑的車子，宴席時看見他人的穿著比你更時髦更稱頭，看報紙讀到昔日同學如何成功，打開電視說以前抄襲你作業的那傢伙公司竟然股票上市，就連參加一場聚會，誰發言的好誰發言不好，都是無法躲避的比較。

但當你成功一點的時候，信心相對增加了，比較的傷害也立刻相對減低了一點。雖然你還是躲不過比你更厲害的成功者，但其實只要這樣想：大家都是井底青蛙，有幾隻比你肥一些，另有幾隻叫聲比你大一點，但大家都還是青蛙，那又怎麼樣？

**得不到尊重**：開車時無端無由地被爛人超車或被按喇叭，在辦公室無厘頭地被老闆臭罵一頓，朋友們中午吃飯聚餐找了大家就是沒找你，參加大型宴席怎麼我坐在邊邊而比我差的那人卻坐在最前面，甚至鄰居倒垃圾有一部分丟在你家門口，都是可以讓你越想越氣而久久無法平息的事情（也可說是羞辱，瞧不起，故意漠視藐視，反正甜酸苦辣的感覺都由你自己決定）。

有一次我全家出遊，家人在酒店輕聲聊天說話時，一個白人在旁邊，他輕蔑地故意模仿華人廣東腔大聲地喃喃自語從我們身邊走過去。這無關緊要的人擺明了就是要羞辱你，要用肢體語言修理你，我們都聽見了，也都受傷了。當時我們可以回罵，也可以開打，但是我太太比較聰明，她立刻抓住我說這人是沒見過世面的白人老土，不用跟他計較。這方面是否女人強於男人，我不知道，但好幾次我非常生氣在意的事情，我太太都可以淡然處之。

魔由心生，這世界上有很多我們喜歡的人事，當然也有我們不喜歡的人事，所以摩擦或衝突在所難免。至於每一件摩擦或衝突是否要在你心中放大十倍百倍，那可就是你自己的選項。所以我說，處理得不到尊重，其實就是心中選項，而非得如何如何你死我活不可。你不妨非常有尊嚴地選擇身段柔軟，伸縮自如。我當然不同意什麼唾面自乾，但我也很清楚，如果因爲得不到尊重而氣憤塡膺，之後自己又將它無限放大，最後的輸家一定也有你一個。

**無法淋漓盡致發揮**：上面三樣製造不快樂的壞東西，大致上是與外界接觸後或受外界干擾之後而發生的。因此你勉強可以說，只要減少與外界接觸，甚或做個隱士，要不然就建立強一點對外界比較或衝突的抵抗力，你或許可以避開負面事物的影響。

新快樂最重要的一個組件，就是最後這一塊「讓生命充分地淋漓盡致發揮」。

如果生命卡在一個「無法充分發揮」的悶局，不進不退，雄心壯志沒得發揮，夢想理想連嘗試都沒有過，內心吶喊總被日常汲汲營營遮蔽掩蓋住。這種「爲什麼我一輩子不能做我眞正想做的事？」的內心冷暖，是沒有任何辦法逃避或遮掩的。

二十年來，我觀察眾多讀者、聽眾與朋友們的心路歷程，發現大部分人一生的過程，多少可以克服四個壞蛋的前三個。唯獨第四個壞蛋「無法淋漓盡致發揮」，是無法自我欺瞞的心靈緊箍咒，對自己是無從遁形的。

## 2.2 「無法充分發揮」帶給你永遠的空虛與遺憾

我常舉例說：「某位一生努力工作有成就的成功者，有一天早起在浴室裡照鏡子，忽然發現兩鬢斑白、皺紋深刻、眼力衰退、牙齒鬆動……一直忙忙碌碌的他，第一次檢視自己，咦？我的一生都到哪裡去了？爲什麼我最想做的事，始終沒有時間去做？」

你是否也有同樣的囧？心中藏有一直被壓抑的渴望，而終久卻只剩下同樣的遺憾悵然？

雖然你工作帶來很豐富的成就，但你從小嚮往的事卻始終停留爲遙遠夢想？你的命運非如此不可嗎？你眞的不能選擇做你最有興趣的事嗎？你眞的不能走上你心中豐沛才華所渴望的方向去發展嗎？

說不定這正是爲什麼卡拉OK生意興隆的原因？

上班族爲了生活而拋棄夢想去打卡工作，但一到了晚上，他就衝到卡拉OK店裡頭毫無束縛的充分發揮。白天在公司是個小卒子，是個志不得申的小嘍囉，夜裡來到歌唱舞臺，終於可以拋掉白天的鬱卒，淋漓盡致唱出你的心聲，還原內心理想眞我。

是誰規定你不能選擇讓你能每天都淋漓盡致發揮的痛快工作？

有誰在拚命阻擋你，不讓你從事衷心喜愛而又樂在其中的事業？

這個世界，壯志未酬而空虛遺憾的人太多了，無需再添加你一個。

「從小玩到大，一路玩到發」的意思就是這樣。希望你做出正確的選擇，玩自己的興趣，不要還在等別人給你意見，用別人的看法來打造自己的生活。希望你一生都能夠淋漓盡致的發揮，不要參加那些到老才後悔的行列。

什麼原因是使你無法從事自己眞正有興趣的行業？

最熟悉的回答當然就是：「爲了要吃飯餬口，爲了要賺錢養家。」

然後還有這樣常見的回答：「因爲看人家在科技公司或金融公司上班，好像都很穩當，所以我也要選穩當有前途的行業。」

當然以下的回答也是必然的：「我喜歡唱歌，我喜歡畫畫（或其他任何非主流的愛好），但家人都告訴我，唱歌畫畫謀生太難了，以後一定會餓肚子。」

這些都是對的回答。

所以我說，選擇走上讓你天生才華充分發揮的行業，是一個選項。做出這樣的選擇，絕對不是件容易的事。

你決定要聽爸媽的話或跟隨潮流，那就是你爸媽或潮流的正確選項。

但選擇你的眞愛，不埋沒上天賜給你的特質才能，甘願冒著不見得會成功的風險，那才是你自己的正確選項。

「從小玩到大，一路玩到發」的意思也是要告訴你，這種選項在以往年代或許有點恐怖，風險太大。貧賤夫妻百事哀，沒有人希望自己玩成窮人。但到今天這個世代，許多障礙被鏟平了，活潑多元的機會增加更多了，幾乎什麼玩意兒都可以玩出成功，所以你的考慮是否也得用個新腦袋評估思量？

事實上，人生本來就是一連串的選擇。

我當初選擇出國留學，之後的發展就沿著這條途徑，不斷的繼續向前，在不同時刻做出下一步的下一個選擇。

有時候我也會想，如果當初沒有出國，選擇留在亞洲發展是否另有一番天地？

我有朋友當年一起出國，幾年後看到台灣發展好，就捲鋪蓋跑回台灣。有小部分果然抓到機會成功了，但大部分去了台灣也不怎麼樣，後悔說「早知道，就留在美國，留在矽谷」。

同樣的情形，後來大陸景氣爆發，於是又有一堆人衝回去發展。小部分海歸成功成名了，大部分都還在抱怨「唉！大陸陋規很多，水太深了！早知道我就……」

有錢難買早知道。最不好的就是那些對自己沒有清楚認知的人。他們選了什麼，就不斷懷疑自己的選擇，永遠看別人家的草地比自家院子綠，永遠在想是否當初應該選擇另外一個才對？

天下沒有不變的事。恩愛男女選擇結婚，後來也有可能離婚，重新再來。進入當初以爲很好的行業，後來發現格格不入或沒得發展，自然也可以轉行。創業以後發現市場不好或景氣不佳，從失敗中學到經驗，浴火重生繼續再幹。這些都是天天在發生的事。

唯一不變的是，每次發現選擇錯誤，每次轉變，儘管越戰越勇，失去的卻是自己的時間年華，得到的則是對自己更精確的認知。

哈！重點就在這兒：你的人生痛不痛快，是否淋漓盡致，得要看你自己選擇。而選擇的基準必須從你對自己的認知開始。認識自己，就是對自己絕不姑息妥協的清楚認知，千萬不要過那種一把鼻涕一把淚經常自我懷疑的人生。

# 2.3 重新定義新世代的「好玩人生」

雖然我是天使投資人與創投基金管理人，但我很清楚，人生成功快樂的途徑有很多種，並不一定每個人都要創業開公司，也不是所有的千禧世代英雄都必須是股票上市新貴。事實上，這本書就是寫給那些有獨特本事，但只適合憑著天賦去自我發展的天縱英才。

如果我們暫時撇開「功名利祿」這幾個名堂，我個人覺得，最好的人生，就是自己覺得痛快，過得痛快，活得痛快。

矽谷有很多高新科技公司，許多工程師在裡面都是夙夜匪懈，不眠不休長期拼鬥著。有些工程師覺得痛苦到要打點滴或要鬧工潮，有些工程師卻覺得痛快到根本忘記時間。同樣一件事，有人覺得生不如死，也有人覺得鼎鑊甘如飴太爽了。這樣的現象舉世皆然，在台灣大陸香港新加坡以及其他地區一樣在發生。

如此心態的差異從何而來？爲何會有如此大的差距？

你問問那些開心地挑燈夜戰的工程師，他會告訴你很多理由，但其中一個一定是：「This project is fun! I am having so much fun! 這個案子很好玩，我現在覺得太好玩了。」

覺得好玩的事情，I think this is fun! I love it! 不用老闆逼你，你自己就會想將它做好，快快做好。

「好玩」的原因就更簡單了，這也就是我給「好玩人生」下的定義。

如果這份工作本就合乎你的天性，本來就是你天賦特質適合做的東西，你自然會主動願意學習進步，做起來當然得心應手，一生事半功倍。

譬如，以前爲我工作的銷售員，他天生話多愛掰，很適合與人談生意，從事的行業天天在行銷談判，也就天天如魚得水。另外一位，本性不喜歡這樣的生活，但想賺錢就得到處見客戶到處扮笑臉，恐怕回家要吃痲醉藥了。

又譬如，一個朋友的小孩左腦發達，拉起小提琴比別的孩子學得快有學得好。如果他眞選擇音樂行業繼續發展，成不成功沒有人知道，但至少他不會有那種一輩子被趕鴨子上架，被強人所難的窘狀。

如果你的工作本來就是你喜歡的，你自然會覺得好玩。因爲你拿手，你勝任，所以你會玩得好是完全不需驚訝的。別人的批評，完全阻擋不了你這天然能力。反而越多人批評，你就顯得越獨特。

我建國中學高中同班張先生，一直對他兒子生氣，因爲他兒子只喜歡畫畫。都三十幾歲了，還每天花好多時間畫色彩強烈的卡通漫畫。他擔心做這些事沒前景也沒報酬，不要再浪費時間。我介紹他與某出版社老闆談談。人家上網看了他兒子作品（因為畫畫創作對孩子很容易，所以早就累積了上千幅作品），立刻驚為天人，馬上說要試試替他出版畫冊。

美裔韓籍崔大衛在洛杉磯每天牆上塗鴉，到處塗，塗到警察都要查封他，他被所有親人朋友批評痛斥，當然也不在話下。後來臉書的人發掘了他，蓋新辦公室的時候，就邀請他在每棟新樓的牆壁作畫。崔大衛這個寶貨，臉書要付他錢的時候，他還不要，說只要還股票。哇，這十年來臉書股票漲了又翻，翻了又漲。塗鴉大賺？我的媽，不比刺青還嚴重嗎？

如果你喜歡玩的東西有它的市場，而你又可以創出自己的獨特風格，能另闢途徑與世俗產生差異區隔，那麼你巴不得人家罵你標新立異，或罵你顛覆傳統，哈，那你就玩大了。

我父母的時代，標新立異只會被社會壓抑與否定。我的時代，有些叛逆就成了時代典範，例如搖滾樂的披頭合唱團披頭四 Beatles，扭屁股搖大腿連教會都要禁止他的貓王艾維斯・普里斯萊（Elvis Presley）。今天千禧世代，見怪不怪，好像沒有不能接受的東西，每個人都在設計自己的狂飆自我。所以你眞想要在這年頭標新立異，恐怕沒有兩把刷子還比不過人家呢？

我最欣賞的兩位藝術家，一九八七年過世的安迪·沃荷（Andy Warhol）與二十世紀初的薩瓦多·達利（Salvador Dali），都是有本事，然後設計出徹底顚覆當時市場的風格，變成寸紙寸金廣爲收藏的名畫家。讀者回去看看他們的作品，再比較他們出現之前一般的藝術作品，就可以完全體會爲什麼當年他們都是破壞旋風，而至今仍被傳頌的頂尖人物。

## 2.4 千禧世代，越會玩的，越有搞頭

對不起，這個段落的標題大概立刻要被長輩前輩們破口大罵了。我不會笨到認為所有工作都有玩性，因為那會惹翻一缸子的人。譬如颱風夜還須冒著風雨搶修的電力或電信工人，我不敢說他們享受那樣的工作？譬如溽暑熱天還必須在炙熱陽光下修路鋪管的工人，或是在同樣辛苦狀況挖礦開路的工人，我也不可能覺得他們是因為好玩而選擇該行業？農夫漁夫辛勞，收入反而少，儘管有越來越多的科技在提升農漁業，儘管他們也有自得其樂的人，我還是不能說他們覺得耕田下海很好玩才投入？又譬如辛苦的警察或英勇的軍人戰士，的確有不少是因為興趣而考進去的，但總體仍不適合以「好玩」來概括形容他們的事業。

所以，「從小玩到大，一路玩到發」的態度，顯然不適用在每一個行業或每一份工作。尤其不大適用於傳統與基礎行業。

換個角度，我們閉起眼睛想想，晚近二三十年來，席捲全世界市場，締造巨大財富，改變新世代人類生活的新創事業是哪幾家？

馬上浮上腦海的，是否是谷歌、蘋果、臉書、亞馬遜，以及特斯拉？亞洲的話大

概就是阿里巴巴、騰訊，還有一堆移動與手機公司？反正都是新經濟新價值的玩家。

這些的共同點，就是他們每家幹的活與做的東西都很有趣，在這些公司工作的人都會說他們公司眞的很好玩，而且他們每天都在腦力激盪學習到很多新東西。

過去的人對「工作」的觀念，就是朝九晚五，乖乖做人家叫你做的事，一堆人等老闆發號施令然後努力工作邀功討喜，每天最期待的就是下了班跟同事聚餐開始批評經理，每個月最期盼的就是發薪水那一天。你問他有沒有工作意義，很多人會告訴你，工作只是他爲了賺錢不得不幹的事，不就混混嗎？不就餬口嗎？過去的人，可以這樣過三十年、四十年、五十年……。

新世代的「工作」觀念，則要求好不好玩？有不有趣？可不可以學到東西？你問他有沒有工作意義，他們會告訴你，我們做的事情是在改變世界，是在爲人類謀求福利，是在爲下一代打造更良好方便的環境。新世代的人，認爲他的工作應該是他個人興趣與志向的延伸，必須讓他可以融入投入。還有，新世代的人，都希望四十五歲就退休（做不做得到是另一回事）。

蘋果電腦創辦人賈伯斯喜歡用這個觀念形容他做事的態度：「It was really hard, but it was also really fun！這工作實在太難了，但也實在太好玩了！」所以他的員工也跟他一樣每天挑燈夜戰，就嫌一天二十四小時太短。這就是千禧世代工作觀的最佳詮釋證明。

「從小玩到大，一路玩到發」講的，不是專指那些很會打電玩，而能夠靠打電玩賺錢的玩家（雖然他們也很厲害）。但我們已經定義過了，所謂「好玩人生」，不同於「玩耍人生」，而是要「從你的才華出發，去痛快的玩，玩出價值與貢獻」的人生。

我曾經在《矽谷天使林富元的投資告白》一書中清楚的定義：新世代的價值創造，必須提供給市場最好的「使用者經驗 User Experiences」。而千禧世代「使用者經驗」的表現，就清楚地緊緊捆綁在「生命、生活、生趣」這三個「生」上面的表現。谷歌、蘋果、臉書、亞馬遜，以及特斯拉，就將這三「生」表現的得最好而且已經互相溶入。做這樣工作的公司，怎麼會不好玩？

也就是說，舊時代的價值突顯在滿足你的需求與缺乏。新時代的價值突顯在滿足需求之外還得提供樂趣。除了可以用，這些產品或服務必須讓你的生命更豐富，生活更寬廣，日子更多彩多姿，以及地球更乾淨。看看你周邊玩手機的孩子，你就曉得「生命、生活、生趣」三合一的時代早就到來了。要好玩，才會有滿足，孩子們比父母長輩更清楚這個趨勢。

既然市場需求如此變化，新的機會當然也跟著朝這樣的方向擴大成長。「臉書 Facebook」的出現，並非市場上當時對這玩意兒有如此明顯的缺乏與需求。

幾個哈佛大學的學生，開始時在一起用網路玩社交聯絡，越玩越覺得好玩，然後更大的重點是許多朋友看到了以後也覺得好玩，紛紛自動加入，然後「臉書」就這樣如野火春風般地。這是「好玩」創造出價值的經典。

「谷歌Google」之前，搜尋引擎有十幾家，包括谷歌問世前的群龍之首「雅虎Yahoo」你大概不記得了，當時所有的搜索引擎都在設法擴增爲入網大站，搞得使用者眼花繚亂，過度紛雜。谷歌很聰明，除了它的搜尋引擎確實又強又快以外，它一直以來就要使用者的經驗維持在簡單、單純、一清二楚、不拖泥帶水的基本觀念。所以用慣谷歌的人，就覺得很清爽，很好玩。

未來這樣的趨勢更明顯，新東西如「人工智慧AI」、「機器人Robotic」、「無人車Driverless Car」、「共享經濟Shared Economy」等等，每一樣都是好玩的新東西，而且每一樣都需要翻轉舊腦袋才跟得上。以我四十年科技人的觀點來評論，如果你玩性不夠，搞不好這些新東西你還跟不上做不來呢！

這些領導風騷的群英，現在很夯。但是這個世界還會繼續以無窮盡的創新來不斷追求更有意思，更有價值，更好玩的東西，所以他們遲早也會被更夯的新東西取代。這也就是互聯網皇后瑪麗·米克（Mary Meeker）在幾年前說過（我也經常引用）「未來的新商機、新經濟，存在於Rethink everything that we have been doing，重新思考我們在做的每件事情」。

所以我的預測，越會玩的，在未來世代就會越有搞頭。

反過來說，對不起，如果你還堅持要抱殘守缺，堅持傳統思考，還想要繼續當乖寶寶，恐怕你相對的會變成弱勢。這句話講的不客氣，但語重心長。也就是說，在未來這種一切追求創新追求好玩的年代，過去的另類會變成未來的明星，以前的叛逆會變成日後的意見領袖，往昔被人家看輕的特殊才能就特別有機會變成炙手可熱，被新人類追求的偶像。

CHAPTER

3

# 新世代成功玩家的必要條件

普天之下每個人都希望自己一生能夠從事自己喜歡的工作，好玩而痛快地工作，也盼望因此而能得到成功快樂的生活。

但儘管新時代新機會多的是，能夠這樣淋漓盡致玩轉成「成功玩家」的人，畢竟還是少數。

大部分的人爲了所謂「生計」而不能無憂無慮隨心所欲，但幸運的是，這個世界還是不斷有與眾不同的人在嘗試走他們自己的路。就因爲有這些前仆後繼無怨無悔選擇自己的最愛奉獻一生，這個世界才繼續不斷地有新光彩，新燦爛。

我謙卑的建議，如果你擁有以下這些條件，你個人的才華會有較大機會充分發揮，而痛快地玩出成功。

## 3.1 條件一：你選擇的玩，來自於持久的真誠熱情

我擔任創投基金的負責人以及天使投資人數十年，看過非常多的創業案例，也見過非常多的創業家。經過我直接投資而成功的企業，到今年二〇一七年十月底總數超過三十家，大約一半是股票上市，另一半則是高價併購出售。

這些謙卑的成果帶給我現在的結論：成功玩家的誕生，與成功創業家的塑造，很多是殊途同歸，而又異曲同工的。

一個年輕人昨天讀了馬雲的故事，今天就寫了十幾頁的 Power Point 說他要立刻募資，然後開始言行模仿馬雲一樣地玩開了，認爲自己可以即時成爲互聯網新貴。這樣的創業家，我在台灣、大陸、新加坡、矽谷見過一籮筐，而且年代越新，年紀越輕的，就越自信狂妄。

這個起始點沒有不好，自信狂妄更好。但絕大多數這樣的案子我都不看好，之後只有禮貌婉拒。因爲缺乏基礎而瞬間發生的一頭熱熱情是無法持久的。

不管是工作或創業，當你面臨事業選擇，當你說服自己「這是我本來就喜歡玩的

事情，我願意奉獻一生」的時候，你是在憧憬未來的成功幻影？還是在嚮往眾人圍繞在你身邊的那種得意？這樣的起始點，在你遇見問題或困難時，恐怕會一擊就倒。

缺乏核心基礎，市場什麼好，就認爲自己也可以把它玩好，但沒有眞正發自內心的持久天賦熱能，只憑一時衝勁來追星搶紅？如此抉擇與決心是脆弱的，可以說是盲目跟風罷了。

用一個比較極端的例子來形容這裡頭可能的謬誤。

我非常喜歡聆聽美國小提琴家希拉蕊韓（Hilary Hahn）的演奏，經常在YouTube上欣賞她的經典小提琴協奏曲表演，百聽不厭。她是一九七九年出生於美國維吉尼亞州的亮麗女孩，三歲半就開始喜歡玩小提琴，十一歲時就第一次與美國巴爾的摩市交響樂團合作協奏曲，十六歲踏上國際舞臺在德國演出，這些過程當然都是經過奮鬥競爭才能有成的。

現在三十八歲的希拉蕊，一直致力於古典與現代流行音樂的綜合與混搭。她多次發表「我認爲古典音樂家常將古典音樂欣賞弄得太難，以至於大眾很難進入」的意見，並且身體力行，希拉蕊經常爲電影或電視作曲或演奏，她還首創「媽媽與嬰兒」的共同音樂欣賞會，這是多麼瀟灑而有意義的創舉。希拉蕊的演奏有時細膩動人，有時又雄渾有力，配上高雅氣質，眞是渾然天成。希拉蕊多次被選爲全世界最受歡迎的女小提琴師之一，實在當之無愧。我認爲她是上天送來給我們地球，爲我們詮釋美好音樂的禮物。

如果希拉蕊投入音樂的出發點也像先前所說的創業家，昨天聽說互聯網電商很夯，今天就立刻說她也要成爲馬雲第二，那樣子跟風，我看成功的機會不大。

她三歲半就接觸小提琴，四歲不到便開始科班學習，中間經過多少試煉、比賽、考試，一次又一次的現場演出，她都無怨無悔的堅持。今天三十八歲的她，有三十五年奉獻在這一件事情這一份工作上。可以說希拉蕊就是「從小玩到大，一路玩到發」的極致經典。

我一直強調，你事業的選擇，如果能夠順著「上天賜給你的特質與特殊才能」去淋漓盡致發揮，就能事半功倍，就能形成與他人的優勢區隔。鐵杵磨成繡花針，不是臨時一頭熱就能夠堅持的。第一要項就是「你的原動力必須是來自於天賦原生而能持久的眞誠熱情」。

## 3.2 條件二：要玩就玩到底，要有勇敢而無退路的決心

成功玩家一定得長久堅持？這個條件必要嗎？馬上有人打臉了。君不見，這幾年網路直播當道，網紅只要播出自己吃飯或洗澡的鏡頭，一下子就匯聚了一群粉絲捧場打賞。小模似乎只要出點狀況，鬧些緋聞，就有媒體爭先恐後報導。不少網紅與無厘頭爆紅的名模這樣子便賺了不少錢，也贏得所謂當紅的名氣。是否這些人什麼都不用，更不需什麼堅持，隨便玩玩，也玩出了不錯的成績啊？

但隨著更多資金人才投入直播市場，市場就迅速翻轉爲門檻提高的商業內容直播，專業內容直播，原來的個人內容直播也很快的朝高附加價值方向發展。那些靠可愛或俏皮成爲話題人物的名模或小明星，因爲無法提供雋永價值，經不起競爭，頂不住社會進一步深層的檢視，就會迅速遭到淘汰更替。

但有些直播網紅在初期抓到商機，成了名沒有懈怠或驕傲，反而知道不斷提升層次、更新內容、精益求精，當然他們也可以不斷地擴大版圖。大陸的勵志網紅羅胖羅振宇，算是合乎時宜的例子。羅胖這兩年來透過微信與直播傳達勵志與感動短言，一方面抓到了移動市場的精義，一方面發揮了他在語言與編輯能力的長才。雖然我不

敢預言直播市場三、五年之後會如何變化，但我預祝羅胖繼續提供對人有益的善良內容，推出更精緻方便的版本，或許可以越做越好。

不過大陸的網路與直播世界是粉絲與酸民的組合，今天羅胖玩出爆紅氣勢，有人追捧打賞他，也有人會潑糞挖瘡疤，而且鬥爭得十分凶狠。短期爆發賺錢是一回事，想要長期扮演網紅一把手，路還長得很呢！

再看許多紅極一時的所謂名人，例如歐美的芭莉絲．希爾頓（Paris Hilton），媒體搞不清楚這人究竟怎麼一回事，她除了家裡有錢以外，什麼都不幹，每天只是穿著漂漂亮亮出入夜店，所以媒體說她就是「Famous for being famous，她有名是因爲她有名」。

不過紅了幾年以後，芭莉絲連流出的偷拍性愛片都搞得滿城風雨，大家也搞清楚了，她的版面就逐漸的從頭版流落到角落花邊，而世人也看清楚她是沒有眞正才華又從未努力過的三流的角色。

同一時間的流行歌手，愛吐舌頭的麥莉．西拉（Miley Cyrus），有一段時間也是惡搞胡鬧、大搞叛逆，弄得雞飛狗跳，變成另類名人，被許多媒體認爲是迅速隕落的明星。但她不放棄、不退縮，一直都在本業的音樂歌唱下功夫，自己還作曲編曲。這幾年鹹魚翻生，它在《美國好聲音》（The Voice）擔任評審大紅特紅，同時接連推出多首好歌，改變形象，今天就成爲實力巨星了。

具有「別無退路的決心」而能長久堅持的玩家，就是最終的勝利者。起步時你不見得是最強的，但如果你是待在市場裡最久，最晚掛掉的，當別人都收攤的時候，你就是絕美的最後一攤，接收所有的生意。

## 3.3 條件三：想要突出，就得玩出自己獨特風格

仔細看看歷史上憑個人創作而成功走紅的名人，他們都有一個共同特點：除了天賦異稟本領高強之外，他們似乎都有特質（或說特殊風格），一些與他人不同的特點。在英文用詞裡，是以 special quality 或 unique character 來形容的。

看看畫家畢卡索，有人說他是立體派，不懂的人說他是抽象派，專家就硬拗說應該叫做立體的抽象派。不過無論誰怎麼看，都說畢卡索這個人很特別。

作家 J.K 羅琳，寫了《哈利波特》之後身價超過英國女皇，所有的人都說她談吐優雅，學識豐富，思想敏銳，當然說她漂亮的也有一些。但是大家共同認爲，換了別人或別的作者，好像誰也寫不出一套這樣的書？

魔術大師劉謙從台灣紅到大陸，春晚更加爆紅，於是有人熱愛有人酸罵。但不管你的看法如何，大家認可他是華人世界將魔術帶上層樓的功臣之一。同時，大家也共同認爲個子矮小有點可愛的劉謙是個具有不同氣質的表演者，也是他討喜的主因。

但這些聯想與觀察也不一定完全正確。

金庸的武俠小說，近代華人歷史無出其右。我們自幼閱讀金庸的武俠小說，都

在小說中那種滂湃氣勢，雄渾威武，大漠殺氣，江南細緻的綜合氣氛中長大。同時我們也被郭靖、黃蓉、陳家洛香香公主的種種兒女情長牽扯了我們大半生。想像中的金庸，應該也是同樣的英氣飛揚，挺拔瀟灑的俊男？但有一次電視上介紹他本人，還眞有點失望？看起來像個老菸槍，怎麼長得比我們的國文老師還彆扭沮喪？（這僅是我個人意見）

大家有沒有想過，對名人的觀察結論，是在他們成名之前就明顯突出呢？還是因爲他們成名了，大家繪聲繪影自己聯想編織出來的？

譬如經常看幾米的作品，就算不識廬山眞面目，讀者也會覺得幾米是否屬於有點憂鬱或充滿想像力的那種人？如果哪一天讓你發現，幾米其實是一個喜歡惡作劇或講髒話的人（我不認識他，但相信他不是），你對他風格的聯想就會瞬間破滅，甚至變成厭惡。

無論這些所謂的特質是來自公關宣傳塑造打成，或確實是眞有的原形特質，我們可以肯定一點：就是這些名人本身的特性，在成名之後都會與他一生創作捆綁在一起，形成一整塊完整的「個人風格」。而他的價值，除了創作成品以外，還有他本人也是整個價值鏈密不可分的重要組件。

說到幾米的創作，就聯想到我自己寫作。本書是我的第八本書（如果不包括大陸獨立出版的簡體版另有四本，還有出版社將我的舊書重新包裝，改頭換面後再版新出的有一本）。過去我運氣很好，在讀者與市場捧場下，每本書都有一定的銷售量。

幾年前我突發奇想，何不嘗試寫自己一直以來想寫的推理小說？（我也還想寫一本武俠小說呢！）

因爲我一直喜歡閱讀懸疑驚悚的推理小說。以爲自己想像力豐富，就設計了一些不同的懸案布局與場景，嘗試寫了一本十餘萬字相當血淋淋的推理小說。

當自以爲寫得天衣無縫的稿子送進去之後，被批評的體無完膚，哇！我立刻像遭遇像滑鐵盧大敗般的沮喪，潰不成軍。

原來，我寫將近二十年有關創新創業的文章，基礎在於自己有四十年全世界創投基金與天使投資的實戰經驗，身體裡流的血也都是這方面的親身體驗。因爲我所寫的全都是自己實際經歷，有骨有肉的經歷，所以我在如此風格裡的書提供了足夠的公信力。

當我嘗試捨棄自己的獨特風格，興沖沖地跑去寫缺乏根基的推理小說，儘管自己也十分投入，最終還是人仰馬翻，棄甲曳兵落荒而逃。我得到一個寶貴教訓：自己的獨特風格並非偶然發生，而是你的作品與本人緊密捆綁之後才出現的。違逆了自己的風格，就是丟失自己的珍寶。

想想這也眞對。如果《哈利波特》的作者J.K羅琳棄她神幻魔界的風格而跑去寫打情罵俏的小說？或者恐怖小說大師史蒂芬．金（Stephen King）忽略自己驚悚小說的風格而跑去寫輕鬆幽默小品？那不就變成以己之短攻人之長？市場接受度也會錯亂，搞不清究竟他們的寫作風格變成什麼路子？市場失去對你的認知，你當然不會有好結果。

這個分析可以應用到所有的創作。畢卡索的畫眞是好，他能夠經典傳世，是因爲他與眾不同的獨特風格。世紀之後，還是讓人津津樂道，越陳越香，辯論不斷。貝多芬滄桑悲壯作品多，莫札特天縱英才輕快活潑多，李斯特因爲匈牙利背景所以他的鋼琴曲都含有族群的血淚悲情，史特勞斯爲德國民族驕傲的譜出華麗組曲舞曲……風格風格，大玩家各個有其渾然天成的獨特風格。

不過千禧世代當然也帶來一些怪異現象。這些現象是否對錯，我不予置評，但它們點破了未來世代與往昔太多不同。由於資訊的暢通與爆量，加上長尾效應，讓許多特立獨行甚至可說是怪異的人忽然間竄紅。美國最有名的例子就是一家子大屁股美女的卡達夏（Kardashian），其中領軍的當然就是金．卡達夏（Kim Kardashian）。她已經紅了好多年，而且早就賺進驚人巨金收入。她一不會演戲二不會唱歌，三沒有任何才華，講起話來明顯的嬌柔做作，但她每天就拿著手機拍照自己的屁股PO到網上（當然還有其他各種泳裝與事業線的照片），我的媽呀！跟隨她喊讚的百萬千萬，而歐美社會的報章雜誌電影電視幾乎沒有一天沒有她的新聞。

台灣與大陸的網紅或名嘴也有差不多的異曲同工現象。只要你敢講敢演敢鬧，惹出一些似是而非的道理，聲音夠大，語不驚人誓不休地鬧出一番新聞。唉，似乎就是有人聽有人看有人跟著起鬨。這樣子搞下去，是否真正有才華的人反要被埋沒了？

我想不是的。所謂「玩出自己獨特風格」，不是靠擺爛耍賴，而是要靠雋永才華在市場上長久吸引眾人欣賞的。

不然你看現代社會，只要你敢讓孩子在地鐵上撒尿，或敢在公園旁脫光了車震，甚至在零售店發飆辱罵店員搞奧客遊戲，立刻都會有一群人圍在旁邊高舉手機幫你錄影拍照然後PO上網。這種人，我們最多就只是叫他「15 minutes of fame」（出名十五分鐘的不入流角色）而已，其中當然包括了一大堆爛到不行的爛貨。

以特立獨行炒作爆紅一兩天、一兩個月，或再久，固然不容易；但那些具有獨特風格，憑實力讓大眾賞心悅目而後長紅，更重要的是在過程中雋永地廣受尊敬，才是我們要的。

## 3.4 條件四：想玩大，就要敢顛覆傳統，打爛窠臼

四十年前，美國紐約顛覆舞藝界的「瑪莎葛蘭姆舞蹈團」（Martha Graham）」到台北表演，我與朋友看了兩場，雖然無法全盤理解她們現代舞的精髓，但確實被那罕見的前衛表現徹底震撼。

大概也在那個時候，林懷民組成了他的「雲門舞集」，以類似的現代舞風顛覆台灣文創界。「雲門舞集」啓發教育亞洲的觀眾，原來跳舞還有這麼多不同的深層。

仔細想想，跳舞的人還眞辛苦。我一位國師級的資深好友用可愛的土話說：「雲門舞集」再怎麼努力創作，好像也不過就是幾個人拿著旗子在臺上搖來搖去走來走去跑來跑去？幸好這只是他諷嘲式的看法，「雲門舞集」歷經四十餘年還一直不斷推陳出新，一再地領導風潮，創新顛覆。現在連歐美舞藝界都知道它的響亮名聲。

在開啓這個顛覆傳統的舞群初期，「雲門舞集」當然被很多人排斥，有一派說它標新立異故作前衛，另一派說它顛覆傳統舞藝的精美細緻。但四十餘年之後這個舞群還是屹立不搖，越戰越勇。可見只要你有足夠的勇氣打破傳統，顛覆舊思維，縱使你會失去一些老觀眾，但絕對會有一堆新粉絲在翹首仰望你繼續創新突破。

歐美的音樂劇不乏曠世佳作，例如大家熟知的安德魯韋伯（Andrew Lloyd Webber）所創作的《歌劇魅影》（*Phantom of the opera*）、《艾薇塔》（*Evita*）、貓（*Cats*），以及早期的《耶穌巨星》（*Jesus Christ Superstar*）都是迷倒眾生讓大家繞梁三日的警世音樂劇。英國喀麥隆麥肯塔（Cameron Mackintosh）所製作，改編維多雨果的《悲慘世界》（*Les Misérables*）爲音樂劇，更在前幾年慶祝公演一萬場，爲英國賺取巨額外匯。我全家人在過去二十年，光是現場欣賞他們的音樂舞臺劇，就足足超過十次以上，孩子們洗澡時都會自然哼起戲中的歌曲。

不過三年前歐美音樂劇爆發了一場最大的顛覆。那就是林-馬努爾・米蘭達（Lin-Manual Miranda），這位波多黎各後裔美國人，他一手包辦製作作曲寫詞的《漢密爾頓》（*Hamilton*）音樂劇這幾年大大顛覆了百老匯之前的陳規舊習。你猜什麼顛覆？這部音樂舞臺劇，講的雖是美國開國英雄其中一位財政部長漢密爾頓的故事（十元美金鈔票上的人頭），但全戲百分之七十的歌曲是用饒舌歌曲 Rap 來劇力萬鈞演出的。

哇！以饒舌來展現美麗的舞臺劇，這是何等高風險的浪漫嘗試？演藝界傳統人士打壓抱怨都來不及，媒體也不看好它。但這部戲開演以後，很快就突破所有百老匯過去的演出紀錄，每天大排長龍，一票難求。我兒子跟媳婦是抽籤千中得一才拿到票，我太太則是朋友透過關係搞到票。如果被迫買黃牛票，那是已經炒到一張門票二千美元起跳的瘋狂。

不熟悉這場顛覆的讀者，你如果現在還不知道林-馬努爾這位新起大玩家，應該聽說過他是歐美影劇界公認最有才華最顛覆的新起製作人作曲家塡詞家。說到「玩」的觀念，如果你看過他的訪談，就瞭解這老兄可眞是放膽大玩特玩的人。他參與了許多事情，毫無保留的玩個痛快，什麼都能玩，還影響別人一起玩。你們或許看過迪士尼公司兩年前最賣座卡通《海洋奇緣》（*Moana*），其中幾首最令人振奮感動的歌曲（描述小島原住民征服大洋，泛舟跨海長行千里，豪雲壯志的主題歌曲），全都是林-馬努爾本人作的曲以及塡的詞。**驚奇！驚豔！**

要玩，就別畏畏縮縮躲躲藏藏的玩。要玩，就大剌剌顛覆地玩！玩到將既有利益的人踢到一邊，將抱守古老位置的人趕到一旁。一旦發覺你有戲唱，大家就反轉過來跟著你了。

## 3.5 條件五：千禧世代了，善用科技來加速你玩的轟動

我在前言說過新世代的四大不同，其中一項是：

新世界裡每個人隨時都無間斷地連接著（connected），每個人也隨時在與大家分享著（sharing），一方面你無所遁形，另一方面你讓大家看到你知道你的機會就比過去高出千倍萬倍。有才華有本事的人，眞金不怕火的人，勇敢的秀出自己個人才華讓大家看見，新世代正是你如魚得水痛快發揮的時候。

反映這個現象最明顯的就是近日的直播網紅。

網路直播製造了一籮筐的網紅。其實網紅只不過是一張臉，搞七捻三的背後，則全是科技精華的累積。沒有科技的到位，就不會有一番又一番的革命性新市場出現。可以說，科技走到哪裡，新機會就在哪裡出現。

千禧世代年輕玩家想要突破，想要轟動，你不需要是科技人，但你肯定要學會如何善用各種科技來爲你助陣。要走，就走到別人前面，而不是老在後頭跟風。

十幾年前，楊方儒先生還在遠見雜誌擔任記者時，就來矽谷橡子園（Acorn Campus）訪問過我多次。我對這位年輕記者一直有很深刻的印象。他認眞努力，談吐

不俗，又特別有先進的想法。後來楊方儒被挖角到大陸的澎博財經 Bloomberg 擔任總編與主筆，發展了好幾年，成績斐然。

幾年前楊方儒離開大陸，回到台北，來找我協助他創業，在台灣成立「先知資訊」（Knowing）這家新媒體公司。

他當時提出幾點重要的想法：

第一，大陸的手機移動市場蓬勃的不得了，幾乎所有事情都可以透過手機簡單操作來快速完成，買貨、付款、繳稅、溝通，大陸年輕人使用實體銀行機率很低，因爲絕大部分銀行的運作在手機上都可以一下子完成。反觀台灣，以前科技領先大陸，現在卻在網路金融這一塊進展緩慢，遠遠落後大陸。這是不需我說，大家都清楚瞭解的。

第二，大陸的手機移動媒體更是興旺火紅。大陸的「今日頭條」，類似歐美的BuzzFeed、Vox、Vice Media……以移動媒體爲主軸，顚覆往昔傳統媒體作爲，針對廣大青年一族提供媒體服務。據說短短幾年，「今日頭條」已有八十億到一百億人民幣的規模。道理很簡單，年輕人不再從報章雜誌取得新聞與訊息，他們的生活圍繞著手機進行，新聞與訊息當然也就必須與移動手機捆綁。所以今日頭條的口號說「您關心的，才是頭條」。他們隨時應用大數據分析每個使用者的習性與愛好，在第一時間將新聞與訊息傳到他手上。Again，台灣的媒體，基本上還是被既得利益傳統媒體操縱著，他們所謂的網路化，就是報紙之外再設個網站。他們所謂的移動化，就是原來的網PO到手機上，這是脫離實際科技價值的謬誤舊思維。楊方儒看到這條大鴻溝，也就是大商機。

「先知資訊Knowing」兩年多前成立，在這年頭還敢搞新媒體的創業，在台灣幾乎無法募到資金。果然大家雖然好奇，但沒有人願意做這有風險的風險投資。結果還是我給了他第一筆讓他能夠開始行動的資金。「先知資訊Knowing」這家公司會不會成，我不知道？但台灣肯定需要在移動應用急起直追。這不能光靠口號或立法院開會，也不是某幾個大佬在冷氣房裡開會來開會去就可以改變的，它必須要落實草根，而後崛起。

很高興楊方儒創辦的「先知資訊Knowing」這兩年有點成就。移動媒體部分因爲使用者習慣尚未跟進，所以還百廢待舉。但公司進行了多次的大型高峰會議，專注最新的科技題目，從「移動應用」到「金融科技」，從「人工智慧」到「第二屆移動未來」，每一次都在台灣掀起巨大漣漪，鼓動風潮。公司營業雖然還是小打小鬧，但在第二年就轉虧爲盈，現在還有更多新計劃，預計在不久的將來要雷厲風行推出。

楊方儒記者出身，完全不是科技人，但他看到科技應用的短缺，就勇敢的用科技爲他的立足點。才兩年，他已儼然成爲台灣年輕新媒體的代表人。當然他本人不會同意我如此誇獎他，可我覺得自己的投資十分值得。類似楊方儒抓住移動時代帶來的新機會，勇敢發展新觀念，就是新世代新人類應該的作爲。當競爭者還在爲舊時代的既得利益沾沾自喜時，自己利用科技進步的海濤向前衝去，只要不淹死，肯定會有另一番不同的新氣象。

要做風險投資，就要敢做沙漠裡的第一杯水，不要老在旁邊說長道短，然後等人家發達了才回來跟風，坐享其成。創業家想玩新東西，就得好好利用新科技去玩得快有玩得好。千禧世代的個人，請多多冒險。因爲這個險你不冒，別人會去冒，未來世界對走在後面的人是很殘酷的。

# 3.6 條件六：你想玩的老路子太擁擠，不妨另闢新徑與製造差異

太陽底下無鮮事，你想得到的事情，別人通常也想到過。你喜歡玩的事情，同一條街就有好幾個人跟你一樣玩的不錯。所以無論你是音樂天才，或具有演戲天分，還是你有繪畫藝術天賦，甚至炒菜炒得比別人好，烘培蛋糕廣受朋友歡迎，都是才華。但這些你愛玩的事情，已經有很多人同樣視爲己業，大家鬧哄哄的擠進來。

前面的路如果擁擠，塞車水泄不通，你怎麼突圍？

如果眞是開車，你就得立刻另闢新徑另找新路。應用到開拓自己的事業，道理也相同。

另闢新徑來建立自己事業，並不是說找一條完全不同的路子。因爲果眞有其他捷徑存在，恐怕也早已塞滿了其他聰明人與競爭對手了。我的建議是用不同的方式來走這條大家都搶著要走的路。再白話一點來說，就是用不同的方式加強自己，突顯自己的特色，來引起市場的注目。

近年來國際音樂界有兩顆閃亮的演奏名家，一是華裔美籍大提琴手馬友友，另一是中國鋼琴家朗朗。他們不但四處賣座，還被捧紅爲舉世最偉大的演奏家之二，經常

應邀參加世界最高端的大型盛會。

他們的崛起其來有自，其一當然是兩人的琴藝精湛，超越世界水平。其二是晚近二十年華人力量興盛，華人市場日趨龐大，過去在世界舞臺未被重視的華人音樂家，現在翻轉成爲全球覬覦而想吸收接近的對象。其三則是雖然華人曝光率日漸升高，但久遠的歷史始終給西方霧裡看花的認識，傑出華人就這樣提供給西方大眾一種神祕感。西方聽眾以爲，聽了馬友友和朗朗，他們對東方的認識就又進了一步。

不過這僅只是他倆精湛包裝的開端。接下來馬友友與朗朗的犀利之處更出現了。

他倆有幾個共同特點，第一，固然他們的琴藝讓人如痴如醉，可是他們個人的肢體表演和表情融入之誇張，更令人拍案叫絕，令一般聽眾著魔融化。不曉得讀者們理不理解，當我們去觀賞演奏家表演的時候，我們自己的心境是完全反射在這位表演者身上的。當表演者露出痛苦掙扎的表情之時（雖然他們只是手指彈樂器），我們跟著感受到他的情緒繃緊繃與惆悵。當表演者顯出含有陽光般的笑容時，我們也同步感覺音樂的和煦溫馨。

我可以保證，如果馬友友與朗朗的演奏會選擇他倆正襟危坐不苟言笑地彈弄樂器，觀眾一定會少掉一半（說不定走光光），而評論家隔天也會大罵臭罵。

這是很合理的，例如我們瘋狂喜愛熱門歌手泰勒絲（Taylor Swift）與碧昂絲

（Beyoncé）。看她們的演唱會，可以從頭到尾享受五光十色的燈光與變化多端的煙幕，妖嬈扭動的舞群及聲嘶力竭的樂團。演唱者每一段落就換上金光閃爍的豔麗服裝，提供我們全方位的「使用者經驗 User Experiences」。看完他們的演唱會，再怎麼意猶未盡，我們都會徹底滿意。

馬友友與朗朗在琴藝之外的肢體與表情，與泰勒絲或碧昂絲演唱會的全身放射表演，有異曲同工之妙，這就是他們勝過其他演奏家的差異區隔之一。

還有一個他倆的特色，是經由多重管道長久以來深植人心的。那就是他們平日累積的媒體公關。我們從報章雜誌電視電影中看過多少他們的個人事跡（寫得很迷人），而且整體品牌塑造，已事先將他們塑造爲當代琴聖。感情豐富，出神入化，是我們聽他彈第一個音符之前就認知的。所以觀眾進場欣賞表演的時候，自己已經先入爲主地將他們的點點滴滴資訊，連同音樂，一起完全消化吸收了。之後，化爲崇拜，或化爲進一步的消費。

幾乎所有傑出迷人的表演者都是除了本身具有才能與技藝之外，還伴隨著迷人動人的故事，以及表演者完整的全方位包裝。這個道理，除了音樂家之外，一樣應用在演說家、政治家、米其林三星廚師、名歌星（譬如英國歌手愛戴兒 Adele，你一邊聽她的歌，一邊就好像自己化身爲她，在一起走過那愛情挫敗的道路）……

你同意我的看法嗎？我不是在諷刺名人有很重的演戲作秀，因爲那確實是讓人印象深刻的方法。你喜歡，就說它迷人，你不喜歡，就說那很噁心。但無論如何，一旦留下重點印象，你就建立起品牌了。

就連麵包烘培師都需要有發散光芒的能力，願意分享的熱情，不然怎麼會有像阿基師那樣上電視分享的節目？他又如何建立與其他師傅的差異區隔？

建立你的市場，光奉獻才華有時候是不足的。普天之下有才華的人比比皆是，那麼就得問問你自己，除了你很棒之外，是否有什麼讓人發掘而一下子就能吸引他們的驚豔？你是否具有吸引人的完整包裝？你是否具有絕代風華？這裡當然不僅只講容貌。不論男女，任何人的談吐反應、舉手投足、分析能力、看法與意見，以及表達溝通能力，都可以投射出絕代風華的。每個人的風度大方、熱情、溫暖、寬闊心胸，都可以遠遠勝過單一容貌的力量。

爲自己加分，讓自己變成一個品牌，就是另闢新徑與建立差異區隔的眞諦。

## 3.7 條件七：回到原始點，你清楚認識自己了嗎？

以上這些玩家的成功條件，說難很難，說簡單也挺簡單的。就像許多天賦的才華，你有就有，你沒有就沒有，想假裝都假裝不來。

說老實話，我覺得企業家創業這件事，大概比個人憑著才華在市場上揚名立萬容易得多。我就常說，老虎茲伍茲多次贏得高爾夫大賽冠軍，絕對比某人股票上市是更難攀上的高峰。

創業家有團隊，有資源，可以請教老師，可以邀請董事顧問，還有眾多的基金高手在等著幫他。全世界有十幾個略具規模的股票市場，每年每個交易所都可以接納數十家新公司股票上市掛牌，所以機會很多。個人玩家，就自己孤零零一個。高爾夫球選手一直就是一個人上場，面對來自全世界的頂尖高手，最後一洞的最後一杆打進就贏打不進就輸，過程沒有別人供你倚靠。最終冠軍獎杯，也只有一個。

因此，要玩自己喜歡的事情，以此來當作事業，必須以嚴肅態度與風險承擔的角度去分析。分析的基礎，就在於你是否真正瞭解自己？

前面既然講到高爾夫球，我就引用一個也是高爾夫球手眞人眞事，還是我的一位年輕好友的故事。

顧老弟從小就有高爾夫球的天分。他身材不高，體型也不夠壯碩，但他從小在高爾夫球場的表現一直都令人刮目相看。在其他職業選手的建議之下，顧爸爸很早就決定要栽培訓練顧老弟，顧老弟本人也覺得信心滿滿，躍躍欲試。

我和顧老弟在美國台灣與大陸一起打過十餘次高爾夫，包括我們一起到世界第一的加州碎石灘高爾夫球場（Pebble Beach Golf Course）三天狂賽。我很勉強的可以偶爾發球到達二百碼，而且歪歪扭扭。顧老弟不管怎麼發球，都是輕易的三百碼，既遠又直而且又漂亮。他的個性溫文儒雅，一點傲氣都沒有，也很有耐心。我有任何問題，他都會和顏悅色不厭其煩的爲我解說，協助我改進。

顧老弟從高中就開始參加青年高球競賽，得過全台灣冠軍二次，還保有數項個人最佳紀錄，至今沒人能破。於是顧爸爸東湊西湊，包括變賣家產，前後花費超過三百萬台幣，用了十年時間在世界各地尋求名師培訓顧老弟。顧老弟也非常爭氣，球技越來越強，終於拿到亞洲 PGA（Professional Golf Association）職業巡迴競賽球員卡。

十年磨劍，顧老弟訓練完成之後，高高興興地出師，第一個月就參加了兩場比賽，分別在新加坡與泰國舉行。十年磨練之後的頭兩場球賽打完以後，顧老弟才知道什麼叫天外有天，人外有人。怎麼在台灣業餘賽時我都是第一名，吃香喝辣無往不利之外還游刃有餘。到了亞洲巡迴賽，遇見的還只不過是亞洲幾個國家的職業選手（世界排名幾百名的球員），沒有一個歐美排名前數十名的大高手，就已經像貓見到狼，居然感覺一點威力都施展不出來？過去十餘年縱橫球場睥睨一時的威風，哪兒去了？

鎩羽歸來的顧老弟，回家就與老爸深談。經過一天一夜的討論，他決定放棄那張得來不易的職業參賽卡，從此不再作高球職業選手的夢。十年磨練，那是何等的代價？當初充滿優秀條件毅然決然走上這條路，自己與家人花了十年與積蓄，卻換來急速的失望與覺醒。

今天顧老弟在企業上班，過的日子也很好。周末他照常與朋友打球，永遠是隊伍裡最厲害的一員。只要有機會，我都會去向他請教。但說到過去職業選手的這個夢想，他總是欲語還休，欲言而止。我可以體會他的心情，雖然技能永遠在，失去的卻是生命中的一個段落，還有無法再追尋的破碎夢想。

我個人認爲，以顧老弟的實力，如果當年他不要那麼快速放棄，堅持在巡迴賽再多待幾年，應該還是可以打出一些成績的。但他跟我說，那一個月的兩場比賽是他眞正瞭解自己的時段。之前的十年，他對自己的能力充滿幻想與期待，也充滿信心。但當他與世界高手一起上場時，就深刻感到那種鄉下姑娘到大城市與全國美女競賽選美的感覺。不是他自己氣餒，而是透過實際參賽而看到自己的實力極限，同時感受他人的實力無限。

我本人實地與顧老弟切磋過球技十來次，知道他有多厲害。連他如此犀利的角色，都會在訓練十年後立刻感到自慚形穢。提醒每個才氣橫溢的人，引航出發前，要檢視自己的夢想與實際的差距。

所有身懷絕技的精英們，誰都不願意枉費上天的恩賜而埋沒才能；但另一方面，也不要蒙著頭自以為是的猛幹。早一點認識自己，對自己嚴格一點，對自己是否要從事這個行業多多研究與看看市場，給自己一點時間。

你看，英國蘇珊大嬸（Susan Boyle）在二〇〇九年《英國達人秀》（Britain's Got Talent）以一首〈我曾有夢〉（*I dreamed the dream*）嶄露頭角時，她已經四十七歲。那次讓所有評審與觀眾大大跌破眼鏡之後，蘇珊大嬸就一路平步青雲，出版了好幾張暢銷金碟。這幾年聽說她有亞斯伯格症，暫時銷聲匿跡。但全球的人都記得，這位才華被晦澀掩蓋數十年的女士，也會得到她應得的一飛衝天機會，那段過程感動了不知多少人。包括我在內，只要心情不好或覺得不順，就重新看一次蘇珊大嬸頭一次選秀的片段，怎麼看，不管看多少次，還是感動流淚。

眞正的才華能力永遠是你的，沒有人可以拿走。機會一定會來，只要你不選擇逃避，你不會一直被埋沒。

CHAPTER

# 4

# 誰在阻撓你痛快一生？

「從小玩到大，一路玩到發」一再要說的是，你愛玩什麼就去好好地玩，玩出個人事業，玩出自我成功，玩到人生沒有後悔遺憾。

本書不說打電玩或沉迷夜店那些不需門檻的事，雖然也有人玩到出眾。我們談的是如何善用你天賦才能，痛快玩出有價值有貢獻的事業這檔子事。

庸庸碌碌一生到老才後悔的人習慣自我解釋：「我們也很想順著自己的興趣做事。但身邊的壓力太大了，障礙太多了，我們在年輕時只好與現實妥協，爲五斗米折腰」。總而言之，他們並不心甘情願埋沒眞正的興趣與理想，但他們不得已。

這是標準答案。解釋完了，一生枉費在辦公桌上的他，也可以心安理得幾分鐘。

## 4.1 與現實妥協，真的是你唯一選項嗎？

與現實妥協，說穿了，是因爲怕。

怕了，就不敢。怕多了，就什麼都不敢。

明明內心充滿渴望，內在充滿天賦，但因爲怕失敗，就選擇與現實妥協。連試試闖闖都不敢，就隨波逐流加入了一般人的行列。

如果二〇〇九年英國蘇珊大嬸強迫自己不上電視歌唱選秀節目：「萬一不被接受或立刻被淘汰，那不是很糗嗎」？如果她說服自己「現在這份工作給我安全感，我不要破壞、變化，就不會因爲強出頭而被批評羞辱」。倘若她繼續留在教堂打雜，後來就不會有一夜成名的首度獻唱，也永遠不會知道原來她可以感動這個世界千千萬萬人，這個世界也更不會知道曾經有這麼一個天使歌聲的存在。

因爲怕，所以選擇不發揮上天給你的原生力。音樂天分，舞蹈才能，烹調喜愛，演藝才華，寫作功力，運動能量，以及千百種其他令人羨慕的天賦福分。你不發揮它，它就是一堆垃圾。當你選擇「上班比較安全簡單」的態度時，你的原生天賦就被犧牲了。

上班沒有不好。事實上，上班好處很多：只要做某些事，做熟了很容易混。除了分內工作之外，其他都不用擔心，醫療保險退休金員工福利……不滿意時還可以抱怨。公司營業差景氣壞沒我的事，薪水照拿，朝九晚五，天塌下來有經理與老闆撐著。做一陣子，有什麼不喜歡的就跳槽，搞不好薪水越跳越高，苗頭不對的時候，輕鬆捲鋪蓋再換一家。辦公室的同事都是朋友，下班後可以聚餐批評老闆也交換八卦，爽得很……。

或許有些人眞地認爲他的人生本該如此，上班已經是他的最高點了？

我不相信每位上班族一輩子從頭到尾都維持如是態度？

## ▶黑澤明《生之欲》

一九五二年日本大導演黑澤明（Akira Kurosawa）拍了部電影叫做《生之慾》。這部被選爲世界電影史上十大名片之一的電影，與黑澤明的《羅生門》、《七武士》、《大鏢客》等等巨片，並列爲影劇學院必修的科目。

我在《用快樂投資人生》一書裡引用個這部電影，因爲跟本書的主題非常有關，在此我再度引用一次：

黑澤明大導演的《生之慾》這部電影，藉由一位衰老的公務人員渡邊（志村喬扮演）探討人生價值。我們每個人應該怎麼過這一生？怎麼樣的生活與工作才算是充實愉快？

渡邊老人一生守在區公所辦公桌後做公務諮詢。他最會做的，就是將人們的諮詢與問題再轉推給別人，每天蓋章吃飯上下班，如此一做就做了幾十年。你說他忙不忙？他看起來天天也很忙？你說他有沒有貢獻？好像他也完成了政府給他的工作？但是他知道自己罹患絕症後，發現同事關心的，卻只是誰來接他的工作職位。

渡邊老人一生最疼兒子，寧可自己節衣縮食，也要把最好的東西給兒子。似乎他自己的工作庸碌，但卻把揚眉吐氣的全部希望放在兒子身上。你說他有沒有家庭的紮實基礎，好像也有？你說他是否也有所付出，看似很多？但是在他知道自己罹患絕症後，卻發現兒子與媳婦只關心是否會順利與拿到房子與財產。就在那個晚上，他才體會到自己一生似乎完全浪費，完全沒有價值？他蒼老、茫然地走到酒吧，不知不覺地在酒客與酒女之間唱出〈生命短促〉（Life is brief）這首歌。

這一段落感人至深。渡邊老人對自己吟唱此曲，無奈的聲音伴隨著淒涼歌詞，所有酒客與酒女全部自動停頓下來聆聽他的曲子，聽到落淚。

〈生命短促〉

生命短促，
女士們，熱愛吧！
在鮮花之紅從妳嘴脣褪色之前，
在妳內心熱情熱潮冷卻之前，
對妳們這些不知明天何在的人而言……

生命短促，
女士們，熱愛吧！
在妳驚豔的髮束消失之前，
在妳心中熱火閃爍熄滅之前，
對妳們這些不會再有同一個今天的人而言……

讀者們閉眼想一想，有無感受到那種「發現自己一生無關緊要」的蒼涼感？可否感覺到那種「旁人似乎都向前奔馳而去，自己卻原地踏步了一生」的悲傷感？

黑澤明想要表達的當然不單指這位老人，也不單指某一事件，他是想告訴天下所有汲汲營營忙碌一生的人，你到最後的感覺是什麼？

不過渡邊老人在絕望中幸運的得到年輕同事啓發，瞭解他剩下的歲月還可以創造價值，瞭解他還有點時間來淋漓盡致地發揮，做一些事，留下一點事跡。於是他在最後短短的幾個月投入慈善公益，幫助窮苦孤兒，協助市區需要幫忙的區民。他一反過去對他人需求推卸責任的常態，主動幫助區民取得公園的建設。在公園完成後，大家高興地慶祝之時，他也面帶微笑地離開人間。

渡邊老人一輩子蓋章打印推送公文，庸庸碌碌地忙了數十年。但他在臨終之前終於做了一些事，他終於幫助了一些人，他終於有所發揮。

## 4.2 玩出一番事業：外界障礙vs.內心猶豫

如果你是少數毫不保留願意追尋自我發展，追求精彩樂玩一生的才子才女，我希望你選擇「不怕」，不要因爲「怕失敗」而未戰先怯。

關鍵還是回到我所說的「選項」。人生本就是一連串的選擇，千禧世代對畏縮不前的人是非常冷酷的。選擇「不怕失敗」，就是選擇重建信心。對自己信心充沛，所有的疑慮一掃而空，所有的障礙煙消雲散。

要怎樣改變自己從「怕」提升回到「不怕」？從「不敢」回到成熟的「敢」？

我不是一直重複地說，未來世界一切都重新接線？你的腦袋與思維也得重新接線，改以不同的方式思考自己。問問自己有無乘風破浪的決心，然後義無反顧的踏出去。

爲什麼連企圖自我發揮都會怕？這些障礙從哪裡來的？「你不行」是從何時開始烙印在我們心中？那些害你自我束縛無法秀出美好眞我的負面念頭，又從何時開始竊據了你我的心？

進一步認知自己的開始，不妨先回到原點，讓你的思維重新開始。

從源頭開始，瞭解你畏縮不前的原因，認知它的矛盾與荒謬，你就可以輕鬆突破。

## ▶回到源頭檢視你自己的核心認知

每個人在成長過程中都一直「被打造」。而在「被打造」的過程中，你的打造者不經意地將他們的態度與觀念長期貫注在你身上。這些態度與觀念，或許都發諸於善意愛心，在當時也覺得好像都是正面天理，但其實裡頭對後來的你正負兼有，並且多藏矛盾。

回想你自己的成長過程，不妨將你到目前爲止的生命分成五個段落，然後毫不留情的檢視每個段落，看看爲什麼你會是今天的你？這五個段落是：

第一階段：爸媽的期待與要求

第二階段：師長的教導與示範

第三階段：同學與朋友之間的比較與刺激

第四階段：社會的趨勢與流行

第五階段：英雄的崇拜

每個人在一生之中都會遇見一次又一次必須選擇的機會。遇上機會，你會勇敢接下還是畏縮退守？你會選擇自己眞正想走的路，還是選擇別人認爲你「應該」要走的路？你是憑自己本事與興趣做選擇？還是跟著爸媽師長朋友的意向或社會風向球做選擇？

人生中一次又一次的選擇，在當時都與你對自己的認知與信心有關。如果你選擇屈服順從別人的影響，請記得，你在任何時刻任何機會選對選錯，都積累成決定一生的因素。但到最終，爸媽走了，師長離開了，朋友不在了，還是只剩下你一個人去承擔所有選擇的結果。

**自己的認知**

- 英雄崇拜
- 社會的趨勢與流行
- 同學與朋友之間的比較與刺激
- 師長的教導與示範
- 爸媽的期待與要求

## 4.3 第一階段：爸媽的期待與要求

選對選錯自己前途，是你的事，還是你爸媽的事？

今天遇上機緣，你的抉擇會基於潛意識需求符合爸媽心意，還是基於自己內心隱藏的渴望吶喊？你的意識有多少還受限於爸媽的耳提面命，又有多少是你的獨立思考？

小學時代，學校很喜歡叫學生作文課寫一個題目「我的志願」。記憶中，在眞正懂事之前，每次我都寫自己的志願是將來當醫生。因爲我爸爸是外科醫生，從街坊鄰居那兒聽到的都是恭敬與羡慕。他們在街上遇見我爸媽，都會親切叫他們先生與先生娘（用日語親切稱謂）。事實上，我的伯伯叔叔舅舅也全都是醫生，其中不乏當時的名醫。所以說我在還算舒適的小康之家長大，應屬合理。

高中時，我開始看到父親爲了治療許多急診病患而付出自己健康的代價。數十年前，大醫院不容易進去，急診設備不普及，所以小型外科醫院就擔負起各色各樣的傷害治療。當時我們與其他醫生家庭一樣，醫院與住家是在一起的，所以殺打傷、燒燙傷、撞傷（摩托車占百分之九十）、摔跌傷，還有各色各樣的緊急受傷我們在家中都常聽得到也看得到。一般人無法想像那三更半夜病人大聲拚命敲門與呼天搶地的吼叫有多恐怖，在我們家每個禮拜都會發生二、三次。然後病人來的時候都不會只有自己一個，一定是一大堆家屬。若是打架受傷的，半夜就兩造雙方都擠進我家，繼續在我家前廳（診所）互相怒聲叫罵。這些只是多種狀況中的一種，而如此情況延續了數十年，我父親的健康狀況怎能有多好？

這是段多年的過程，父親一方面對自己懸壺濟世救人無數的醫生工作感到幸福（他常說感恩一切），但也不時透露出他對這份事業覺得累的訊息。包括他心律不整，晚年身體衰弱，都與這份緊繃的職業有關。高中後期再寫「我的志願」時，就沒再寫過醫生這個職業。

影響，就是指這些透過生活諸事，不知不覺積累打造你一生的點點滴滴。

我媽媽是典型傳統華人婦女，謙卑內斂，勤勞善良，而且她十足內向，不喜歡有一大群生人的地方。記得小學五年級我寫了一篇文章刊登在國語日報的頭欄，後來「正聲廣播電臺」邀請寫文章的孩子們到電臺去朗誦他們自己的文章，每個孩子都由母親陪伴參加。

我永遠記得那一整天我媽媽靦腆不自在的模樣。她與我坐在巴士上，別家小孩的與母親都彼此嘻嘻哈哈聊了起來，我媽媽則從頭到尾一個人靜靜地坐著陪我。後來到了很晚節目錄音完畢，我們回家時天也變涼變黑了。記得我母親那時穿的是一套深綠色薄薄透風的洋裝，別人的媽媽又在大聲聊天，而我媽似乎感覺涼意而有點不舒服，但還是全程靜靜地陪我坐回家。我這個記憶不曉得正不正確，當時，自己留下了一個模糊印象，媽媽一直在爲孩子犧牲自己，我記得好像看著車上安靜的她，而不知爲何悄悄地流下眼淚。

但是我爸媽一生都非常在意與他們圈子裡的人競爭比較，不想輸，就要隨時隨地出人頭地，要比別人強。於是，孩子就成了競賽棋盤上的棋子。

我的姊姊十分優秀，這不是蓋的。她北一女高中畢業時是全校第一名，保送台大醫學院。這裡不提日後如何，只講她的天分。以前北一女考試，她眞的不怎麼讀書，第二天又考了最高分。鋼琴也彈得好，在台大時還擔任全省歌唱比賽冠軍的伴奏。但我最記得的不是她往昔紀錄，而是每次親戚們聚會，所有長輩就開始拿孩子較勁。你家孩子如何棒，我家女兒今年又進了台大什麼什麼，他家兒子出國後不到三年就拿到博士，然後我爸媽也會加入含蓄的說我姊的戰績……每次都在講這些。事實上，我常聽到爸媽暗地裡與我姊談話，某某家堂表哥弟在美國多成功，妳一定要更努力，才不會輸給他們。

我的童年有大部分在暗中比較與激烈競爭中度過，我姊只是千百個例子中的一項。我從小到大也都還算頂尖，但到了高中我沉迷搖滾樂，導致大專聯考慘敗。我沒得進入家人預期的首選學府，我的心態就大大改變了。那個夏天，我第一次知道什麼叫做失眠，而且年紀輕輕竟然在放榜後連續失眠兩周。今天回想起來，數十年前那種對父母的愧疚以及對親戚說長論短的恐懼，遠比沒考進最佳大學嚴重許多。

我自己很清楚，那次挫折，帶給我人生第一次陰影，也改變了我很多自我認知。當時我的狀況，很有可能一蹶不振，就此自暴自棄。但我選擇了要從谷底爬起來，這條路行不通，有別的路可以走。我就計劃這一生要「雪恥報仇」，將來一定要到最好的學校讀碩博士，此生要做到很多精彩的事，再也不要活在他人成就的陰影之下。

現在寫起來覺得是雞毛蒜皮，當時卻是大事。哈哈！如果曉得後來幾十年，我還會跌落谷底多次而後一再爬起，或許就不需要那般難過了。

接下來的故事千眞萬確，而且是我自己的親戚長輩家。

我有一位長輩是台灣名醫，他有三個兒子四個女兒，個個都是最好學校最優秀學生，出國留學後也都是常春藤學校的博士。不用諱言，當初他們就是給我爸媽壓力最多的一家。我這姑家有一位長袖善舞八面玲瓏的犀利母親，到處關係靈通，不但醫院生意興隆，跟當年台灣好幾個大財團混到都以姊妹相稱。

這位媽媽爲兒子拉攏成功財團婚姻。這也不是蓋的，三個兒子分別娶了台灣十大財團中三家的獨生女，婚禮一場比一場風光。你算算，四五十年前光是結婚當天的嫁妝就好幾億（現在至少二十倍以上的價值），還沒算日後進入財團的收益。這是他們家一向的作風，犀利媽媽操縱孩子的前途，樂此不疲。

時光快速向前推動。婚姻前段，我們就聽說堂表哥們在家經常挨打（不是打架，是挨財團公主的打）。然後他們與財團掛勾也沒期望中順利，因爲財團家裡等著分贓的後代既多又詐，哪輪得到你外來女婿？財團內部不但容不下這下覬覦財富的女婿，還積極打壓排斥。種種內憂外患，果然後來他們婚姻全都破碎，接連離婚，這幾位娶進財團公主的堂表哥，沒有一家婚姻有好下場。

有些讀者可能會盛讚他家媽媽好棒哦！協助兒子娶得億萬媳婦，減少奮鬥五十年。但我公平地以整個人生經驗來看，天底下沒有比破碎家庭更慘痛的。我與堂表哥多年見一次面，他們也不避諱承認當年媽媽強硬安排的婚姻，製造了他們人生重大殘缺，再多錢也沒用。所以你說，這麼會攀龍附鳳的爸媽，完全百分之百爲兒子幸福做了讓大家羨慕的安排，但最終是幫了孩子呢？還是害了他們？

朋友，爸媽生養教育我們，沒有爸媽就沒有我們，這是毋庸置疑也不需浪費筆墨的。不過，你有沒有想過，長大的你是爸媽內心想像的投影？還是你自我理想的呈現？

如果王家的女兒莉莉屈服於她父母的指令，兩年後她也不會知道自己可以是刺青市場引人注目夯到不行的新秀？王家爸媽是非常好的人，但這並不代表他們的意見就是金玉良言，更非不能挑戰的聖旨諭令。

爸媽的見識與經驗令他們害怕任何過去社會不認可或不熟悉的行業。也因爲爸媽一廂情願地引用他們的標準灌輸在兒女身上，以爲這就是在「保護她」與「爲她好」？眞是如此嗎？

家庭是我們的根基，父母是我們最大的助力。但不需要因爲如此，就盲目地將自己一生擺放在父母「正確指導」的掌心裡。

英文有一句話形容的很好：「Kill with kindness」，我將它詮釋爲「好心好意反而害了你」。你覺得有沒有如此可能？

選錯志向，是老師教錯，還是你沒搞清楚自己？

今天你的思維傾向，有多少是經由你自己清楚意志融會貫通得到的？又有多你以爲是自己的，其實卻是師長前輩或有影響的人種植在你腦海裡他們的思維傾向？

## 4.4 第二階段：師長的教導與示範

心理學家都這麼說，Young people are most impressionable，年輕人是最容易被影響塑造的。成長過程中，學校與老師們（也可以是神父牧師，或是佛堂法師，任何坐在教導供輸你知識的人）就是製造如此「印象」的來源之一。

我記得自己在建國中學時期，有一位六七十歲的國文老師，最喜歡上課時講一堆青春期有關「男女之性」的題材（請注意，是國文課，不是生物或生理課），但大多講的是歪理邪思。他老兄不但講，還經常在黑板上畫圖示意，口沫橫飛講得高興的不得了。今天回憶起來，我猜那個國文老師有一點變態，利用描述男女性器官給青春期孩子們聽，看到孩子們個個流口水想入非非的模樣來宣泄、滿足自己。

高中同學們第一次聽到那麼大膽精確還公開的描述（今天只要聽聽某些電視主持人就夠了），是否奠定他們以後對男女關係的處理方式？我不知道。不過後來我班同學就十分流行彼此大膽以「性探索性奔放」爲題互相取鬧戲謔。

高一時有位李姓生物女老師，每次上課都故意擺譜，板起晚娘面孔一副不可一世的模樣。她總是說，你們這些笨學生，我來教你們眞是浪費，然後罵起學生來超潑辣超尖利的。我之前對生物課程充滿興趣（記得嗎？從小的志願是當醫生），遇見這樣的老師，胃口倒盡，就從丙組（學生物考醫科）轉到甲組（學物理化學靠理工）去了。

我不能接受那高一的生物老師，但別的同學照樣學習好好的。所以是否她給了負面影響？還眞說不準呢！

你覺得學校給你的教育都是光明美好嗎？還記得入建中的第一天，我在班上第一眼就看見坐在後面的一位同學（姓名我都還記得），他是休學三年以後再回來的。他整個臉都是燒壞的，然後三年內經過百次修補，還是十分恐怖（四十年前的整形技術）。原來他之前參加學校軍訓課程，其中有射擊打靶這麼一課，不幸操作時槍支與彈藥走火，幾位學生就燒傷燒壞了（聽說有一位燒死）。

在那個久遠年代，這樣的事情是不會張揚出去的，學校立刻聯合軍方將如此事件硬壓下去。可憐這些學生毀了一生，連個賠償都沒有（換成今天，政治人物早就將它炒上法庭與媒體，哪容許掩蓋）。所以，好學校壞學校，通通有它自己的光明與黑暗面。就像好老師壞老師，光明與黑暗經常都矛盾並存的。就學時期你的吸收也是一樣，黑白道理統統一并進入你的精髓。

歷史上有很多偉大老師的故事，包括華人的孔老夫子。近年來，一方面儒學在快速復興，另一方面華人開始檢討儒學的灌輸，是否使得華人國際舞臺某些方面顯得弱勢？財富千大公司，印度人搶掉一堆（微軟、谷歌、優步是其中排名在前的案例），而華人在這份名單上，除了自創的公司以外，幾乎掛零？這是否與「謙卑禮讓」、「莫強出頭」還有其他非常好聽的教導有關？（作者恐怕又要挨罵了？）

以前亞洲華人的學校不很瞭解他們的工作是在啓發學生獨立思考，而非自以爲是的單向填鴨。你可以很清楚地看出，當年學校給自己太多權威，給學生則以爲是在訓練小軍人那樣，查頭髮長短，量褲裙幾分，當你是笨蛋而教條似地用同一模具塑造大家。雖然我們理解「紀律」是一個很好的品德學習，但如此狹窄框框裡教育出來的孩子們，會有不少變成「一切以遵守取悅他人爲主，不敢讓自己痛快」的成年人？

不過討論好壞時不能單方批判。如我所說，學校與老師本身就是光明與黑暗的組合，不能一廂情願地認爲他們是絕對正確，由你來照單全收。當然他們也不會絕對錯誤，所以你訓練自己思考，選擇吸收。

大學時我的學校強迫大家要讀四年亞當・斯密（Adam Smith）的《國富論》（*The Wealth of Nations*），這是本大書，被迫強讀起來，簡直枯燥無聊的要命，所以當時痛恨。後來自己做了投資人，也經常發表科技趨勢專欄，就發現其實《國富論》真是必讀之書，許多現代的經濟理論都源自於此。如果當初學校除了強迫學生朗誦背讀之外，還能有活潑案例教學及課堂辯論，它可以是最刺激最興奮的課程。可惜他們沒有。這也大致濃縮代表了許多學校與老師的謬誤：出發點似乎都很好，都相信自己在幫助學生，但執行出去都變了樣，將深遠雋永的材料搞成學生痛恨的籠牢。

最近觀察很多所謂的社會運動，有不少是從學校某個課堂潛移默化開始的。厲害的教授，可以每天像播種那樣地將觀念神不知鬼不覺地灌輸到孩子身上。這些老師教授也不是故意這麼做，而是當他們本身已經充滿某種意念信念的時候，很自然地他們就會在授課或交談過程中將這些意念美妙的傳送出去。

你看看教堂裡擅長煽動的牧師神父，他們可以鼓動信徒們如神鬼附身般「哈利路亞」吼叫跳動起來，佛堂也差不多。我講的是現存現象，並沒有說有啥不好。但我就是要提醒你，你曾經從老師教授牧師神父還有其他傳道解惑的前輩得到指引，這些指引最終的價值不應該是你照單全收，這些指引應該只在提供你多方訊息與看法，讓你培養出自己獨立思考的能力以及屬於自己的判斷。

如果老師教授教你一個框框，你就住進去那個框框，那麼你的人生就只好在那框框裡頭繞來繞去了。

## 4.5 第三階段：同學朋友之間的比較與刺激

成長過程與當初的你越行越遠，這是你自己選擇，還是朋友的壞影響（好影響）？你的抉擇有多少是基於希望跟朋友一樣？再說白一點，你的抉擇有多少是基於（軟弱地）不希望跟朋友不一樣？

讀者們覺得朋友同學是不是影響你最直接的一個區塊？對我來說，絕對是的。英文形容同學朋友之間互扯的力量，叫做「Peer Pressure（同儕壓力）」，一語道破。國人的形容更多了，比較文雅的像「見賢思齊」或「無友不如己者」，比較粗俗的像「酒肉之交」或「穿一條褲子長大」，也都十分傳神。

從小到大，再沒有比親近朋友對你產生更直接更迅速影響的。多少故事告訴我們，孩子交往不良少年地痞流氓的負面後果，或是交往所謂好孩子乖孩子的正面效果。很多事自己本來不敢做或不願意做，朋友用這樣的話刺激你「你膽小！你軟弱！不然你做給我看！」你就做了。學生時代舞會時同學也都互相激將，「你看，那個女孩（或男孩）對你有意思，你可別浪費時機哦！」你就斗膽過去了。

我有一位非常要好的朋友老趙，小學二年級八歲就是同班同學，從第一天就結爲好友。我們歷經初高中都是同班，一直維持到現在還每年兩家一起出國旅遊（除了大學四年，他的學校是排名較前的，但我們還是都維持固定在一起）。人生並不需要過多表面上的朋友，但一定要有幾個眞正眞誠而經過考驗的，我很幸運自己擁有老趙這麼一位誠懇忠實的世紀老友。

老趙從小就是個溫文儒雅好學不倦的人。我們的友情數十年，很多事都互相影響也都一起做。從懂事以後，他都會一直告訴我現在在看哪本書，一起聽張晴的古典音樂節目，一起去看「雲門舞集」首演，到現在一起討論股票趨勢，一起嘗遍各地美食，還加上一起研究世界名勝遊覽地點。

我始終記得，高中時因爲我全神貫注搖滾樂，對數學物理化學都沒有特別興趣，學起來也「嗎嘛爹」一般般（還補考過多次）。但很奇怪，每次看到老趙得心應手熱衷學習這些課目，我也立即受到影響，覺得我也要搞定這些東西，包括後來進入理工學院。說老實話，我理工從大學到加州大學碩士都讀的不錯，但始終覺得與自己有隔閡，隱隱約約知道這不是自己，更非眞我？

我從未問老趙這輩子受過我什麼影響，但我完全肯定自己有非常多他的思維成分是從他那兒來的。

但等到我當工程師幾年之後毫不猶豫的轉行市場行銷，事業有成後終於醒悟，如果當初走上商業經濟方面而非理工，我可能會更快樂更痛快？不過這當然也屬於「有錢難買早知道」，永遠沒有答案的。

最近看了一個電視節目，討論這個世代最惡毒的對人批評變成是「你都沒有朋友」，或「你的人緣太差，都沒人理你」這類話。他們分析，這些評語表面溫和，其實內含是很大的刺傷，讓你無力反擊，算是新式潑糞。

同學朋友都很重要，是打造痛快人生必要的組件之一。不過也有過度將自己的價值放置在朋友身上的例子。

我認識某人很久，認識他的人都知道這人從小就明顯的缺乏自信，也就是缺乏安全感。小時還好，高中以後他就專找那些故作特異來吸引注意的同學混在一起。父母以為都是這些不良少年帶壞了他，其實根本是這人自己為了證明自己有風頭而去找人家，藉由與這些人的互相標榜填補他內在缺乏的自尊。這種不自知的性質，使得他到今天大把年紀了，還在每天做媚眾討喜的事。包括邀請一大堆根本不認識的人到家裡吃喝玩樂，然後告訴自己：「啊！我人緣佳！你看我多麼受歡迎！」或者是與人比較「我每個周末在家裡的排隊都有五六十個人來，你的只有三十個人，哈！你的朋友沒有我多……」

讀者周圍有沒有這樣的人？為何人會因為缺乏內在安全感而轉劇為外在膨風忽悠？我沒讀過心理學，但覺得為了讓人家以為自己很受歡迎而幾乎變成自我作賤，是否值得？觀察此人似乎一輩子如此，連他的孩子都看出破綻。他們看清此人處心積慮去外頭討喜，巴結一堆毫無價值的狐群狗黨回來建立頂紅幻象，棄家人孩子於不顧。聽說後來離婚，之後他的孩子完全拒絕再與這人有任何聯繫或關係。我猜想，天下最可憐可悲者，莫過於如此生活在媚眾取寵自我陶醉的人了。

我另外有位很棒的黃同學，高中大學都跟我同班。他本身是位運動健將，籃球高手，歌喉很好，也就是為何我開學第一個禮拜就邀請他到我家來唱歌。黃同學個性豁達，為人慷慨，是很好往來的長久朋友。

我與黃同學同班七年，但中間有一段時間斷層。我倆雖從未公開說出，但彼此競爭是相當激烈的。我們成績都不好，但一直在學校的領導地位上別苗頭，兩人都分別競爭學生代表。有一年黃同學與一批當年校中的黨棍結成一派，我就特別氣憤。我從懂事以後就痛恨那種年紀輕輕便利用黨的身分在學校套關係建立特權的奸人，大學時候有位李同學就是此中最可怕的。本該清純學習的大學，這人卻一天到晚拿著「黨部區委」的名片在校內耀武揚威，收買人心權力，看了就令人嘔吐。後來看見本性善良的黃同學被那些趨炎附勢的學生黨棍團團圍住，我就更生氣不齒，之後我就不理睬黃同學了。

畢業後，大家都當兵兩年。我在軍中遇上一些需人幫忙的急事。當時情況，我實在想不出其他辦法，就聯絡有軍中關係的黃同學家協助。他毫不介意地立刻幫我處理完善。現在回想起來，衷心感謝。黃同學與我起起伏伏的交情至今也四十餘年，仍然維繫不斷。所謂「無友不如己者」，我們凡事都競爭，包括誰的老婆比較好也會暗中比較，如此長期較勁的益處還眞不少呢！我算是個運氣好有些成功的投資家，他則是一家上櫃科技公司的董事長，在不同舞臺繼續較勁。

說到配偶的競爭，我就想起另外一個活生生的例子。

晚近年代離婚率逐年攀升，華人也不例外，我還認識一個華人的怨女俱樂部，由離婚女士創辦，會員大多也是離婚後的女士。他們經常聚會，一聚會就是自己的快樂時光忘形狂歡，但也不會忘記將男人批判個過癮。

我認識一對恩愛多年的夫妻，先生必須長期在台灣工作而太太爲了孩子學業則留在矽谷，這也就是所謂的「內在美」。她閒來無事認識了怨女俱樂部一些朋友，先生不在身旁，朋友越多越好，可以排解寂寞。

這位太太以前從來沒有過什麼疑心病，但這些朋友在聊天室很自然地就會八卦說起某某人去上海工作，立刻淪陷給當地小三；又某某人在台北幹了金屋藏嬌的事……。我猜想這些好朋友絕對不是故意挑撥離間，而是因爲夫妻男女之間這內容本就是他們的主要題材，他們也只不過是按照平常的心態正常表述看法而已。但單純的這位太太，哪曾見過這世面，久了就招架不住了。

果然後來就聽說這位先生每次回家，太太就質問他在外地都幹嘛？去了哪裡？做了什麼？先生每一個回答都觸發更多的質疑。到最後先生受不了，就抗議反駁：「如果我眞有外遇，那就是我的錯。但妳現在隨時空穴來風，捕風捉影，欲加之罪何患無辭？我看乾脆眞有外遇算了！」哈！什麼話都可以回答，就這個回答是不行的，火上加油，聽說他們夫妻之火的結果就不是很好。

朋友同學的影響快速又深遠，我相信每個人都吸收過友人在不同時段的好壞影響，不過那只是部分。如果你將自己選擇的後果，完全怪罪在這些朋友同學身上，那就是你推卸責任。總而言之，練習廣寬吸收他人的好影響，然後融會貫通成爲你的獨立思考獨立結論，那才是你可以全權負責的自我意識。

## 4.6 第四階段：社會趨勢與流行

跟著流行做事，忽然間你的事不流行了（或瞬間轉換流行其他東西了），你幹的活立刻沒人要了。這是你自己搞砸的，還是社會流行害你的？

你的抉擇，有多少是基於自己的核心價值核心能力？有多少是基於不知不覺的隨波逐流跟風？

我小學六年級時，李翰祥導演的《梁山伯與祝英臺》電影風靡亞洲，黃梅調大行其道。記得當時大街小巷人人都在唱黃梅調，包括我們小學班上的同學們，一有空就輪扮角色唱來唱去。當時打開電視，看見聽到的都是黃梅調歌曲表演，原本與此無關的歌星們也都紛紛改唱，還培養了一缸子黃梅調新歌手。反串扮演梁山伯的港星凌波更變成全民偶像，她到台灣旅行，引起的旋風不只是著迷追捧，而是近乎歇斯底里的瘋狂。當然，整個年代隨著旋風而出的電影，一半以上都在唱黃梅調。

黃梅調紅了還蠻長的一段時間之後，大家聽厭了。激情過後，風潮不再。歌星們拒絕再唱，黃梅調歌手打入冷宮，此類電影也不再賣座，搞黃梅調主題的所有商業生意都一落千丈。只有凌波本人，由於她出身的故事以及本人謙虛的特質，則一直擁有特殊地位。

同樣的流行，不同年代都一再發生。食品業的蛋撻流行風發酵之後，一下子冒出上千家的「正宗葡式蛋撻」糕餅店。這玩意兒流行時間就很短了，不到一年，整個蛋撻風潮徹底崩盤。今天的大雞排、大腸包小腸、韓風餐廳、瑜伽運動的七分褲，五光十色的個性球鞋，讓很多小攤賺翻的手搖波霸飲料……哪些是具有雋永價值可以永續的事業？哪些是隨波逐流說垮就垮的暫時現象？

我做投資，首先要看透趨勢，也就是說，如果想獲得最大的投資利益，你得在市場趨勢變成浮濫流行之前先馳得點。說得透一點，要做就做第一家蛋撻店，第一個大雞排攤，第一家手搖飲料店，做第一個穿起讓大家驚豔的七分褲時髦領導……而不是隨著人云亦云在後追趕的抄襲拷貝。

先探預知趨勢，就需要眞本事與核心能力了。

過去我四十年的投資經驗累積了三十家成功公司（一半以上後來培養成股票上市的著名企業），在這方面勉強算是有些謙卑心得。同時我也有不少失敗的投資，就表示其實我也多的是浮濫被流行晃歪，被眾口鑠金忽悠的時候。

我在矽谷，初期是如假包換的大菜鳥，那時圈子裡最風光的是兩位朋友劉先生與李先生。他倆是典型的流行風包打聽。任何時候你問他，他都可以告訴你，他們知道某某人現在在做這個做那個，或說某某公司啓動了什麼新開發即將席捲全球。同時他倆也最會到處參加會議交換一疊一疊的名片，拿回家後告訴每個人說他沒有不認識的人。

我們同一輩的矽谷創業家都很羨慕他們，怎麼這麼懂外交鑽洞，怎麼這麼會看機會，怎麼比我們這些笨蛋提早鯉躍龍門至少十年？

接下來就是有不少人跟我一樣親眼目睹得眞人眞事歷史過程。

劉李兩位寶貝，好像經常都比別人聰明經常押對寶？個人電腦流行時，他們就跟著做個人電腦。後來光碟流行，他們就跟著做光碟電腦。台灣股市旺盛，他們就跑台灣。互聯網竄起，他們當然不落人後地扮演起互聯網先知。北京上海股票瘋狂，他們就到那兒四處換名片搞沙龍聚會誰都認識。反正什麼新東西夯起來，什麼新市場熱起來，都可以看到這兩個寶貝的身影。

四十多年過去，我們這些當年看他倆出將入相的笨蛋，各個都有自己一片天地。他倆則還是一事無成，還在四處換名片忽悠。

跟流行，他們好像都跟對，爲什麼後來都錯了？

我想，跟對流行，後來卻搞砸了，重點應該在「跟」這個字。

擁有自己核心能力的人可以「創」，沒有眞正自己核心能力的人就只有「跟」。但是在他們「跟」的時候，他們也會幻想以爲自己是在偉大的「創」。

如果你並沒有什麼天賦才能，很多時候你還是可以跟上流行，做個冒牌先知躍上舞臺與大家風光一陣。不過流行會褪，時髦會變，你要靠什麼在流行過後來永續或增長？

這幾年科技界掀起的流行風更多，有些是眞創新，有些則是老東西改換面目重新回到市場以新觀念炒作。我過去在這方面著墨已經夠多，此處不再詳述，不過多年來我清楚看見很多層次追求風潮的謬誤。

幾年前有家美國一家提供餐廳訂位服務的新創公司「Open Table」股票上市了，市價也十分亮麗。那一年我返回亞洲，在台灣看到至少二十家以上類似的新創公司一窩蜂湧入，他們都圍著餐飲業嘗試提供各式各樣的訂位與價值服務。

當時我每一家新創公司都仔細聆聽觀察了，最後實在沒辦法，只好告訴他們總結論：「除非他們能拿出眞正屬於自己創造的獨特新價值，以及有法子將市場擴展到更大區塊（譬如大陸市場），你們全都是小打小鬧，幾年後大概都不會存在。」

果然，兩年以後我再回去審核，沒有一家存活的。

同類型的新創餐飲業周邊服務，在大陸市場則培養出好幾家規模龐大，營業驚人的新公司。這也就印證我所說的，新創公司的成敗，取決於「人才、技術、資本、市場」，其中市場對於這類型的服務，更是不可或缺的必要條件。憑著你興沖沖熱情投入，或許可以熱絡一陣子。但如果本身市場不足，而你的能力又無法將服務擴散到更大的區域，你就只好長久小打小鬧，不然就關門大吉。

跟隨流行並非不好，而是你必須認清自己選擇跟風的時候，是被流行風潮熱昏頭而後跳入？還是你本來就有這方面的特殊才幹能力，那個行當是你早就想要做，而且爲它做過長久準備也付出過代價的？

反過來，如果明明是你看清的趨勢，而本身又有絕對把握，但周邊的人都說這事不能做，你就打退堂鼓了嗎？如果明明是你拼了命又做得很棒的企劃，對外募資時基金卻對你打臉，你就放棄了嗎？還是你有勇氣告訴這個世界，是你們瞎了眼沒看見，你們這些基金以後也會知道自己錯失良機。

## 4.7 第五階段：英雄崇拜

你對自己前途的選擇，是基於對某些英雄的崇拜？還是基於你對該行業的一貫認識與熱情？讀了華倫巴菲特的傳記，就想成爲投資家？讀了比爾蓋茲故事，就想進入軟體工業？聽了馬雲演講，就將自己定位爲下一個電商巨擘？

舜何人也，禹何人也，有爲者亦若是。「見賢思齊」當然是件好事；不過盲目崇拜，一不小心很容易變成動作整齊劃一的沙丁魚，只知道跟著領導搖來擺去，只知其然，不知其所以然。領頭的沙丁魚進了鯨魚肚子，後面的就全都興高采烈地跟進去了。

小時候學校會每年選「模範學生」，學校以爲這樣搞搞，其他學生就會跟隨這些模範生學做乖寶寶。社會上也經常有所謂的「模範母親」、「模範父親」的表揚，都是企圖在建立榜樣，因爲大家都相信，人類喜歡向榜樣學習。這與以前中國大陸文革前後「學習雷鋒」，閱讀《毛語錄》，都是不同程度但異曲同工的英雄崇拜。

六〇年代，當華人世界與歐美世界的生活水平還有差距的時候，楊振寧、李政道贏奪了諾貝爾物理獎。這個消息傳來，振興了所有華人的信心，也即時塑造他們兩位成爲華人的民族英雄。

以前非常晦澀的物理系立刻搖身一變成當紅炸子雞，大家趨之若鶩。本來只有少數人眞地想讀的冷門科目，隔年就成爲聯考錄取分數最高的科系。我在建中的前後年代，所有狀元以及成績好的同學都以物理系爲第一志願。物理系眞的那麼好嗎？它的職業前景眞的那麼棒嗎？在歇斯底里英雄崇拜的氛圍裡，有誰質問物理系的出路爲何（它當然是萬分崇高而只有金頭腦才讀得起的科系）？

這個質問絕非功利主義，而是回想當年所有崇拜諾貝爾獎而進入物理系的高材生，做出選擇之前，是否以爲跟著楊李二位進入物理系自己才算是光宗耀祖的頭等人才？因爲媒體這樣說，國家這樣說，坊間當然也就跟著這樣說了。在崇拜諾貝爾物理獎的氛圍內，高材生爲了維持自己仍是高材生的虛假形象，物理系就變成非選不可的唯一選擇選項。可以這麼說，他們做這些選擇，並非是自己內心熱愛的選擇，而是以爲第一可以彰顯自己的優秀，第二以爲自己以後也是他人崇拜的傳奇偶像。

憑什麼我可以如是說？

因爲我認識非常多位當年物理系高材生，畢業之後除了少數留任學校教授之外，大多數都轉業到電機、電子、資訊、控制等工程事業或航空工程。更早期像我的大姊夫，台大物理系第一名畢業後，經過台大物理系系主任與化學系系主任聯合作媒，袁家騮吳健雄夫婦證婚，娶了我姊姊之後，就一輩子在紐約長島研究所繼續研究高能物理。

我直接問他們，既然畢業都從事工程事業，當年幹嘛跑去讀物理？他們的回答也都很直接：「因爲當年所有最聰明的同學都選物理系爲第一志願。既然我也是最聰明的，當然就必須進入物理系。如果我眞選了工程，肯定會被人家誤以爲我是二流的」。

我不說這個回答對不對，但它絕對反應了這些崇拜楊振寧李政道的高材生心態。

那個年代高材生崇拜諾貝爾獎得主，也將自己投影爲未來的諾貝爾獎得主，不假思索都選擇學習物理。雖然這是很好的動機，卻忽略了全方位考量。我可以公平地說，幸好物理系有很多基本理論在電機電子資訊半導體都用得上，他們轉業容易許多，不然這些人的超級ＩＱ都要浪費了（物理系當然是精深智慧的學問，但從實際歷史來看，物理系除了繼續研究與擔任教授以外，比較少直接貢獻社會的工作機會）。

說到崇拜英雄，它還眞是塑造每個人內心渴望的主要因素之一。

我小時年代的娛樂花樣不多，大家平日愛看武士道鬥劍電影，放學以後就在附近街上玩起「強巴拉」（鬥劍）。我們大家都幻想自己是英勇不怕死的日本武士，像宮本武藏那樣與敵人周旋，五步取其級首，可以就這樣一直玩到晚上才依依不捨回家。最近我在 Neiflix 常看二次世界大戰的紀錄片，其中有很多講到日本神風特攻隊（Kamakazi）的故事。我就聯想到正在撰寫的本書：天底下大概沒有比崇拜日本天皇，盲目到群體自願拋頭顱灑熱血更荒謬的崇拜了。

崇拜，單純的說，就是個人選擇他們意念中最嚮往的偶像，然後 emulate 投影自己到偶像身上。

崇拜的起源還挺複雜的，並非某樁消息或某樁單一新聞就能造成群體崇拜。崇拜，其實有很多是有心人在幕後操縱，透過媒體擴大渲染「造神」，造成群眾歇斯底里失去理智地捨身追隨。二戰時期的日本天皇與納粹希特勒也不都是這麼一回事？

年輕人選擇駕飛機自殺，自殺時還吼叫「天皇萬歲」，我胡亂猜想大概有幾個原因：

他們盲目認爲所謂「天皇」，是擁有超過他們本人價值的神仙般英雄。

他們盲目深信自己在做家人師長朋友社會都讚賞的事。

他們盲目相信自己的犧牲會受到天皇與長官的注意與感恩。

他們在軍中嚴密結構裡，無法不受到同輩與長官的壓力（尤其當年在打仗）。

他們除了遵照命令之外，似乎別無他途？

其實，那個年代，他們整個民族都陷入這個精心打造的謊言團裡。家人國人都跟著國家的宣傳以訛傳訛，說你存在這個世界的唯一目的，就是要爲天皇犧牲（我沒有挑戰這個觀念的基本，但當然挑戰這個觀念被人利用以後的不實價值）。長官咄咄逼人地灌輸年輕飛官，你不自殺攻擊，如何回來面對同袍與隊友，如何給水深火熱中的民眾足夠的交待（切斷回頭路）？

六〇年代與七〇年代的高材生認為進入物理系，他們就可以和楊振寧、李政道一樣光宗耀祖，他們才會繼續扮演國家第一流人才的角色。讀者們，你不覺得這和神風特攻隊以為駕自殺機攻擊敵人就可以讓他流芳百世，雖然激烈層次有異，但豈不是殊途同歸的類似謬誤？

選擇你的事業，以崇拜行業英雄為出發點固然不錯。楊李二位到美國留學的年代，華人還被認為要不就是洗衣工餐廳跑堂，要不就是實驗室裡的高級工，所以他們選項不多。時代背景不同，你可以選擇的途徑應該比他們多。

天皇在他自己的天地吃香喝辣，他曾經知道過你是誰嗎？長官要求你為天皇犧牲，但長官與你喝完告別酒以後就醉醺醺地唱日本國歌回房睡覺。天皇則舒適地養尊處優活到高壽，他起先不知道你的出現，後來不知道你的消失，這些神風特攻隊年輕人的一生，真只值得那些他們灌輸你的錯誤崇拜嗎？

除了以上這五個頗具影響的階段，你的人生當然還有其他影響你判斷抉擇的因素。如何穿透這些曾經影響過你的力量，還原自己回到真我，是我們要共同努力尋求的。

CHAPTER 5

# 我苦樂兼具的好玩人生

本書講到兩個十分重要的關鍵，其實也是我一直面臨的。

你若想破繭而出，就必須在關鍵時刻爲自己做出正確的選擇。你必須一次又一次地在每個關鍵時刻選擇先對自己公平，也對自己忠實的選擇。

爲你自己選擇美好痛快的人生，等於是你必須在每個關鍵時刻打破過去加諸於身的無形桎梏，推翻灌注於你腦海裡似是而非的他人意念（也就是勇敢地向周圍的人解釋你的理想，但你只能期盼他們接受，無法勉強他們支持）。

這兩個關鍵，也是每個人必須自己想通的。

想通了以後，就不會再加入「一生都忙碌於設法讓別人滿意，自己卻落了個寡歡遺憾」的行列了。

## 5.1 我的搖滾人生

我四十年的創投生涯及天使投資經歷，透過書籍與演講已經闡述過很多。過去二十餘年，不少聽過我演講的讀友，還聽說過我有搖滾生涯。

我的搖滾人生從高一開始到現在逐漸進入退休年齡，五十年來玩搖滾樂團也一直是我的核心最愛，從未停過。投資人生，搖滾人生，寫作人生，是我始終平衡發展的三塊（最近幾年還增加了一個健康人生）。

### ▶ 音樂生涯的啟蒙

我五歲開始學鋼琴，那時的老師叫羅慶州，我們所有親戚家孩子都是由他教的。別的事不記得，只記得每次我荒嬉玩樂忘記練習，就會被羅老師一邊講解一邊責備還邊用手指用力捏我的臉。有時候好痛好痛，就一直流眼淚，連琴譜都看不清楚。

不知是否因爲老師這樣，加上第一次聽到「披頭四合唱團（Beatles）」就被震懾，此後徹底改變我對音樂的感覺，到了高中我便停止鋼琴學習，開始彈吉他。與鋼琴的複雜度相比，吉他容易了許多，而且因爲有過一些音樂基礎，我很快就學會彈各種和弦 chords 或快速主奏 solo。對青春期孩子來說，哎呀！吉他眞是一個吸引異性朋友的好東西，而且是約會時最佳破冰之物，消除青澀少年尷尬，拉近彼此距離。

進入建中高一，班上有位好同學張光霽喜歡打鼓，我們就約了周末到家裡來玩音樂，開始熱鬧起來。他是大華初中畢業的，就邀了可以彈貝斯 Bass 的校友鄧延立一起參加（附中同學，他父親當時是三軍總醫院院長，後來升到最高的軍醫署署長，聽說蔣宋美齡骨科問題都是他治療的）。我們就組成了一支熱門搖滾樂團，非常好玩。

鄧延立的表弟雷周明（他父親當時是空軍副參謀總長，鋼琴造詣比我高深，但後來英年早逝），另一位表弟徐亮，也都隨後加入我們的樂團。高二時有一天雷周明來我家一起研究某些曲子。由於我們先前在廣播電臺主辦的全省熱門音樂競賽中憑一曲 Bend Me Shape Me 而成績出眾，那首歌的原主唱是「美國血統 American Breed 樂團」。我與雷周明當天就突發奇想，我們是南方人，何不叫我們樂團爲「SouthernBreed」，很酷？後來有人將我們樂團的英文名字翻譯爲「南方血統」，更酷啦！這個樂團後來二十年陸續好幾代（包括法藍瓷的老闆陳立恆，以及現在還在台北一些音樂酒吧表演的樂師，都曾經是成員）越唱越棒，幾乎有點變成全職職業水準表演，在台灣青春旋律音樂界小有名氣。

## 搖滾生涯竟然如此

我們的搖滾樂團從組成之後就邀約不斷。但六〇年代的台灣，民風還是保守，對新東西接受能力不高，尤其人們將搖滾樂與披頭散髮在臺上狂熱吼叫的印象相連，所以還會排斥。像熱門搖滾這樣的玩意，當年會被套上「不良少年」的稱謂。

果不其然，我們高中三年中的多場表演，確實經常與不良事件捆綁在一塊兒。

我隨便舉兩個實例與大家分享：

以前台北總統府前面，北一女旁邊，有個幼稚園叫「靜心幼稚園」（後來拆掉成爲現在的公園）。它有很大的大廳，所以經常出借讓民眾辦活動。有一場當年最大的大型舞會就在那兒舉行，由我們樂團擔綱伴奏。

當年台北有非常多年輕人的幫派，四處角頭林立，誰也不服誰。當晚我們上臺時就覺得氣氛有點緊張，因爲聽說當時台北所有的狠角色都到了。我們在臺上演唱，就聽人家說「飛鷹幫」（沿著中華路活動的最大幫派之一）的舵主來了，「血盟」的兄弟到了，「血虎」的打手已經在舞池裡，還有台灣本土人較多的「將軍廟」與「十二金龍」更是全員到齊。

舞會在我們唱完半場以後休息，大家在庭院裡熱絡聊天，忽然間我們先聽到吼叫怒罵，然後就看到一伙人大概五六個追打另一位年輕人，而且打得很凶，椅子桌子都往身上砸過去。被打的年輕人狼狽地摔倒在地上，這五六個人就衝上去拳打腳踢，挨打的那位最後跌跌撞撞逃出大門。

看完這場武鬥之後，大家議論紛紛，但隨後又被我們的搖滾舞曲帶熱起來。全場大約三百人全都沉浸在歡樂氣氛之中，忘情地婆娑起舞。

這樣的美好情景繼續了大約二十分鐘，忽然間，大門入口旁邊砰的一聲響起巨大破碎聲音，然後就看到一群人揮著武士刀敲破門窗斥罵著衝入會場。帶頭的，就是早些時刻挨打的那位，他兩手三刀（不是我失憶記錯，我眞地記得這位老兄他左手握一把刀，右手揮著兩把）像凶神厲煞般地一路殺進來，嘴裡還不斷狂吼「砸場！不要跑！給我站住！」

我們樂團在臺上正中間演奏，當然是瘋狂攻擊目標之一。眼看著這夥人揮刀跳上舞臺，見人就砍，徐亮與鄧延立還拿起吉他擋住攻擊的武士刀。張光霽沒那麼幸運，他的鼓，有兩個被砍破了！幸好沒有人受傷。

後來我們回憶時，常常覺得好笑。這全場三百人的群英會，照理說應該是一個比一個凶狠，一個比一個彪悍？但一看到有人砸場，苗頭不對，所有的英雄好漢全都開溜，個個腳底抹油溜之大吉。管你什麼幫派那位老大，驚嚇中每位都溜得眞快，哪有啥英勇作風？我們往後撤退，大家都不顧形象翻牆而逃。我自己當然也是逃竄的一位，爬牆是動作稍微慢了一點，還被後面一位漂亮妹妹推下牆，左腳膝蓋跌傷，至今那個傷疤還在，留作紀念。

另外一次，我們樂團受邀到台北市建成區一個晚會獻唱，在一個氣氛完全不同的古老市區。

我們與主辦單位事先都已經講好了，表演之後，他們會付酬勞給我們。表演當中，我們自然注意到在舞池裡開心跳舞的大多看來像是當地的地痞好漢。場面看多了，只要給我們機會演出，我們毫不在意。那是一場十分熱鬧而成功的表演。

舞會結束以後，本以爲他們會付錢給我們，之後大家鳥獸散分手回家。但主辦單位幾個領頭的堅持邀請我們到附近圓環夜市吃火鍋。我們想，慶功宴也不錯啊，就跟著去了。

那時是夏天，大家都輕裝便服，但是有兩位跟著一起去夜市火鍋店的在地年輕人，卻從頭到尾穿著包住全身的風衣。

我們坐下來團團圍住一個大圓桌，一桌火鍋與琳琅滿目的好菜，然後這兩位年輕人才打開風衣，一起輕鬆入席。

坐下來的時候，第一位從風衣的裡面拿出一把以繃帶包起來的開山刀，擺在他座位前面。

第二位從他風衣側面拿出一把用油布捆綁緊緊的大型西瓜刀，放在他身旁。

主辦人告訴我們，他們兩位是晚會的保鏢。因爲怕人家來砸場，他們都有保鏢保護。今晚慶功宴同時也一起感謝保鏢。

接著主辦人就開始熱情地敬酒開席。中間他屢次暗示提到，舞會很盛大成功但是沒賺錢，剩下來的經費全都要給保鏢。於是我們所有團員當晚就在繃緊繃而尷尬的氛圍中度過這一餐，席間沒有人敢再提起表演酬勞這件事。後來晚餐結束，我們團員中的兩位還義憤塡膺地說他們要去搬人回來討公道，但大家累了，也就啞巴吃黃蓮算了。

我不要給讀者錯誤印象，以爲我初期的搖滾人生都是如此黑暗？其實這只是我比較記憶深刻的特殊事件，其他搖滾樂的歡樂時光非常多到無法細數啊！包括最早期到復興崗政工幹校演出，同臺的是當時剛剛崛起的鄧麗君，美妙歌喉讓大家驚爲天人！中期還被邀請到臺中、高雄登臺，一起表演的還有一個全部女生組成的搖滾樂團叫做「野貓合唱團」，大家一起玩的好開心。後期又參加一次全省熱門音樂大賽，我們演唱的是當年很少人有能力表演的黑人靈魂歌曲，全場轟動。當時大家都認爲我們是第一名，但最後評審出來，我們只拿到第二名。據朋友說，第一名的樂團是「Tripper 旅遊合唱團」，團長名字叫做郭英聲（他後來娶了大陸工程的殷琪若干年），他的媽媽是著名聲樂學家申學庸。而當天的總主審就是這位鼎鼎大名的申學庸，將第一名頒給了她兒子，沒有什麼掌聲的搖滾團。五十年前的事情我們當然不在乎，但回想還是有意思，呵呵！

「從小玩到大，一路玩到發」，我的搖滾生涯眞的很精彩。我中學的讀書時間都用在搖滾樂上面，業精於勤荒於嬉，當然直接造成大專聯考慘遭滑鐵盧失敗。但我可以非常精準地告訴大家，從整個人生角度來看，當年是否從一流大學畢業，對人生總體的影響是微乎其微的。如果你聽到朋友六七十歲了，還在死死抓住當年畢業於最棒大學這件事來強調他如何優秀，這樣的人其實是相當可憐的（中間完全空擋？完全交白卷？）

## ▶更大的喜悅還在後頭

服役完成後我就出國了，搖滾樂團的成員各奔東西，一直過了幾年後大家才又有機會相聚。七〇年代末期我剛到美國留學，當然百廢待舉。接下來的學業事業，從二十幾歲一股腦兒地忙碌到三四十歲，總算有點成就。但一路上我從未忘過自己對音樂的喜愛，也懷念那搖滾起來的喜悅興奮與熱情奔放。我心中非常清楚，那才是眞正的我。

那段爲事業奔波爲家庭努力的時段，有時候我會半夜三更起來，開啓收音機，一聽到熟悉的歌曲，立刻會熱淚盈眶地憶起昔日往事。回想自己的最愛，就覺得好像再怎麼賺錢家庭再怎麼幸福，人生好像還是有無法描述的殘缺一大塊缺？

這就是我開宗明義所說的，《從小玩到大，一路玩到發》這本書。希望你們不要變成有一天照著鏡子而遺憾，不知自己一生歲月如何逝去的那種人。

事業略爲穩定之後，我與好友劉方凱及其他樂手組成的「矽谷樂團」更在北加州燦爛地綻開。因爲此地華人眾多，所以樂團表演機會也多，從一九八五樂團成立至今，三十年來每年都有好幾場上臺表演，重溫舊夢的機會。晚近數年，我們更是每年有十場以上表演邀約，中年之後還可以經常熱門搖滾，簡直渾然忘我。還有幾場近年來的表演，我在臺上彈奏，我太太（她是教運動舞也教瑜伽的老師）在臺下領導數百位舞者挑起激烈運動舞，那種熱烈氣氛，沒有到過現場未曾親自體會的人士是無法感受的。

這段時間裡，我自己還有個特別難得的精彩事項，就是我與〈龍的傳人〉原唱者李建復在二〇〇八年兩個人爲超過一千位玉山科技協會的滿場貴賓獻唱。李建復也是王力宏的舅舅，王力宏進入歌壇，就是經過李建復拉拔提攜的許多人。那一次演唱會，就只有我與李建復擔綱全場演唱會。我們精心設計了動聽的組曲，即興了好幾段幽默的對話，大家幾乎是聽的如醉如痴。我們從六〇年代的歌曲一直唱到千禧年代，歌曲動聽，氣氛感人。很多觀眾後來告訴我，那是他們聽過的最溫馨演唱會。

我現在繼續玩音樂，繼續表演，目的更是單純快樂。你可以說，年輕時玩搖滾樂，是爲了吸引女孩子的注意。現在沒有這一層考慮，也不需要更多的功名利祿，玩音樂變成純粹玩音樂，玩到過癮，玩到掛，就是這個感覺。

## ▶再怎麼玩，都要維持尊嚴地玩

音樂領域是浩大無涯的，我窮極一生也僅只沾到邊而已，還有太多不懂不會的東西。我對音樂的執著，有參與一生爲佐證，因此對於未曾付出代價努力學習卻以音樂人光鮮身分招搖撞騙的忽悠者，難免會有反感。

每個人都希望自己生命好玩，這是正常的。不過最近幾年，我們樂團在矽谷演出，遇到一些拙劣模仿的忽悠樂團，出現了一些奇怪而低級的現象。

有些人看到我們玩音樂玩了數十年如一日，既好玩又過癮，就東施效顰地也組了搶生意的樂團。我從事創業與投資一輩子，見過多少競爭對手？打贏過很多次，也輸過很多次，養成什麼競爭都不怕的銅皮鐵骨。所以，放馬過來，我當然歡迎可以切磋的競爭樂團。

矽谷有很多個亞洲樂團，數十年來大家憑本事公平競爭，十分好玩。可笑的是，這個新樂團，因爲絕望地想出風頭，竟然大賤價出賣自己，全部免費演唱。他們爲了搶奪演出機會，不但免費表演，還告訴主辦單位他們可以買票包場。換句話說，這個爲了爭取出風頭機會的新樂團，用「不但他讓你玩不用錢，你玩完了，他還幫你賣票找客人，或由他買票包場再讓你玩到爽」的方式惡性競爭。也就是說，爲了拋頭露臉，他們以「開餐廳讓大家每天免費吃飯，還付錢請你搭車到餐廳，完了再送你禮物回家」，來遮掩究竟餐廳的菜好不好吃這個事實。

更陰險的是，這個以大賤賣來搶風頭的新樂團，竟然到處以「公益慈善」來僞裝自己齷齪行爲。明明羊頭賣狗肉，卻還自己自圓其說地沾沾自喜。他們不曉得，我們樂團三十年來透過團隊以及個人，在美國與亞洲至少參與了百次以上的公益慈善活動。我個人每年裸捐出去的善款至少超過美金十萬，累積的金額就更多了，但過去從來沒說過。聽到人家作賤自己搶風頭，還標榜是慈善活動，實在有點心寒與嘔吐。

對我們這個歷史悠久的矽谷樂團來說，實質影響不大。水準高的活動還是會堅持邀請我們，水準差一點的活動，主辦單位就會邀請這種免費樂團。鐘鼎山林，各有天性，不可強也。但對其他對自己音樂水準有自尊的樂團，就常常被這種下三濫惡性競爭搞壞行情。

要玩，還是要有「格」的玩。一個人如果連玩都玩到沒「格」了，還剩下什麼？不就是附庸風雅的偽裝一生？

這跟先前舉例某人一輩子就喜歡一天到晚邀請一堆不認識的阿貓阿狗到家裡吃喝玩樂，然後騙自己說他好多朋友，自己變得好紅好受歡迎，基本都是齷齪的一丘之貉，可憐之至。

痛快地做自己，不要老是模仿別人與自欺欺人，這才是眞正的玩法。

## 5.2 我的寫作（與演講）人生

寫文章人人都會，我不覺得自己比較會寫。我寫了書以後，發現滿街的人也都在寫書，而且似乎一個比一個厲害，自己反而覺得謙卑渺小。

若說自己有什麼不同，應該說似乎我的幾本書賣得都還不錯，一再登上暢銷書排行榜前面，希望這表示有讀者與我共鳴。後來每次在擠滿的演講大廳裡證實了這個假設，我的理論一再證明：「只要你寫的東西是眞誠地發自內心，又來自於眞實的體驗，有骨有肉，德不孤必有鄰，讀者會與你共鳴」。

常常佩服很多電臺或電視主持人，紅一陣子以後，就可以出版好幾本教人家如何學會講話的書。還有在電視上做節目或經常演說的醫生，抓住媒體力量也出版了一堆教人家如何飲食保健，如何排毒，如何瘦身。最近更有如何年輕。又每隔一陣子，就看到新書在推翻舊書。不久以前一本新書叫做《眞逆齡》，大概意思是說以前別人寫的書都是《假逆齡》？只有本醫生所說的這裡才是眞的，哈！果然大賣！

我的經歷比較坎坷，從事了四十年實體創業加上四十年創投投資，好不容易累積了足夠的成績，才敢回頭來分享心得。

## ▶糊里糊塗出版了暢銷書

寫文章投稿這事兒，我是從小學就開始幹的。

前面說過，高中時情竇初開，沒事遇見心儀的女孩就產生單戀，但是毫無結果，於是寫了多篇五千字的文章。等到單戀破滅，自己就自以爲噓唏不已（還敢說痛不欲生，簡直笑死人！）一把鼻涕一把淚的寫了好幾篇八千字的文章。有趣的是，報社竟然篇篇都喜歡，篇篇刊出。

出國之後的一段長時間，寫作這種算是奢侈的生活內容，我既無時間也沒有多餘的焦注去發展。除了追老婆那段燦爛時光寫了許多自以爲文情並茂的信給她，其他精力都用在事業奮鬥與家庭照顧上（當年寫一封信給她，她要一周之後才收到。然後她回信給我，又得一周之後才收到，與現在電郵與簡訊即時通，簡直無法相比）。

直到二十年前，當時共創矽谷橡子園的我，在北加州給了一場演講，講的是「景氣衰退時，你的成功快樂要去哪裡找？」當時餐廳裡擠了滿坑滿谷的聽眾，有人還聽到感動流淚。於是有位記者朋友建議，你的內容很有趣，何不把演講內容整理整理，然後出書？

出書？有沒有搞錯？我算哪顆蔥？憑什麼我來出書？

猶豫中，我寫完十幾萬字，就戰戰兢兢地開始實地探索出書這件事。

當時朋友介紹一位暢銷書作者與我見面，看看是否可以幫我解答一些疑問。我當天恭敬的前往餐廳見面，這位中年後女作家姍姍來遲。坐下來以後，她臉不紅氣不喘的劈頭就問我一句，你也想出書啊？你以爲賣幾本書就是暢銷？

對出版業完全沒有認識的我，就猜測回答說：「美國暢銷書好像動輒幾百萬本，台灣小一點，是否大約十萬或二十萬本就可以算是暢銷書了嗎？」

這位胖胖的女作家先做了一個嗤之以鼻很不屑的聲音「叱！」然後又問我一個問題：「你知道台灣這個小小地方，每年出版多少本新書嗎？」

我不知道，她就以老師訓誡學生的態度告訴我：「台灣一年有四萬五千本新書出版。也就是說，一年的三百六十五天，每天都有大約一二五本新書被送到書店上架。你可以想像一本書要想在書店那麼浩瀚書海裡突顯，那是談何容易的事情？在台灣，一本書若賣個幾千本就已經是前十名的暢銷書了！」

這位女作家看我呆頭呆腦愣在一邊，又加了一句：「其實，台灣絕大部分的所謂作家，百分之九五以上都是自己出錢，請出版社印五百到一百本送給朋友，這樣子也自稱作家。哈！」

我聽了以後，除了偷偷咋舌之外，心中也忐忑地想：「糟糕，自己怎麼這樣自討沒趣，工作做得好好的，幹嘛跑來出書？」

時光前移到千禧年代之初，我的第一本書《成功還不夠，快樂才是至寶》出版了。我返回台灣參加新書推出在台北社教館的演講大會，那天三百個座位的大廳擠進了超過五百人，走道與旁邊擠滿了站立的聽眾。我見到如此盛況當然很高興，就問出版社的總經理，咱們第一刷是印了多少本？總經理不在意的回答說：「一萬本！」當場我有點愣住，咦？上次那位作家才警告我，只要幾千本就算成功，怎麼出版社第一刷就刷一萬本，而且都還不需要我自己買（二十年來從未有出版社對我要求過自購）？是不是他們搞錯了？萬一賣不動我豈不是要變成罪人？

結果新書推出後，第一刷的一萬本三周就銷售一空。還有朋友打電話來罵我說：「林富元，我早上打電話給金石堂書店，他們說還有七九本。中午再詢問時，還剩下三五本。下班去買時，竟然說沒書了。他媽的，你究竟要我去哪裡買？」很奇怪，我在電話上被罵，但卻越挨罵越開心。

頭一本書暢銷，當然給了我不錯的鼓勵。之後的二十年，我又陸續出版了七本書，在大陸也另外出版了四本簡體版，成績都還不錯。我最高興是自己能夠幫助很多讀友，但儘管如此，我還是覺得自己只不過是在分享實際經驗，從來不當這些寫作與出版是什麼大工作或大成就。

我這生的目標是寫完十本書，本書是第八本，之後很希望再嘗試寫作寫推理偵探（如果接下來優良成績還可以保持，我當然就無限期寫到寫不動爲止）。從事寫作是不需要原因理由的，因爲就是喜歡。如果碰巧賣得好，那是天賜福祉，我只有感恩。

「自然地喜歡寫東西」與讀者們「自然地喜歡做什麼事一樣，都是《從小玩到大，一路玩到發》的入門概念。讀者朋友們，除了吃喝玩樂意外，你有沒有自然喜歡做的事情？就算沒有人注意或沒有酬勞，你還是自己心甘情願的去做，甚至做得不亦樂乎？

很多聽眾問我：「林老師，你要管理十幾家你投資的新創公司，每年還要出書，又要搞演唱會，加上家裡與社區很多其他事情，你哪裡有時間？又怎麼安排時間？」

這是很好的問題，我每次都十分誠懇地回答：「你如果問喜歡打麻將的人，他打三天三夜麻將會不會累？我想他們都會告訴你，高興都來不及，怎麼會累？」

同樣的道理，如果你從事的工作，是你本來自己就想做的事，你根本就不會有所謂「忙碌」的感覺，更不會覺得「做這件事很累」。

話說回來，這不就是「從小玩到大，一路玩到發」的精義嗎？

## 5.3 我的投資人生

與玩音樂和玩寫作同時並行的，當然就是我的本業投資人生。

我不希望淡化或簡化創投與天使投資這份工作，但我還是非常清楚地告訴大家，之所以喜歡創投這份工作，確實是因爲對我來說它非常好玩而且不困難。或許是因爲我覺得非常好玩，所以我做起來得心應手，多年來累積了不錯的成績。

有關我創業與投資的成敗，過去寫過很多次，有興趣的讀友就仔細讀讀《矽谷天使林富元的投資告白》這本書吧！以前沒有讀過我書的新朋友，可以看看以下的流水賬，也算理解這個與我音樂人生及寫作人生平行數十年的板塊是怎麼一回事。

早期的投資紀錄太古老了，我就簡略記錄爲一小段而已。還有許多公司出售，併購過程中合約限制我們透露售價資訊，所以並非每個案子都能寫下實際的回收成果。

一九八〇年代：這十年我完全是摸著石頭過河，跌跌撞撞度過的。創業第一次Galaxy Computer失敗；創業第二次Greatland Electronics「大朋電子」，擔任副董事長一直到二〇〇〇年成功出售。投資獅子城購物中心Lion Plaza，成功開發矽谷第一個專爲亞洲人設計的大型生活與商業中心，後來高價出售，回收十五倍。投資AMPi天下電子，成功出售，但回收平平。創業第三次參與一家準備股票上市的公司，結果發現被合作人五鬼搬運財務掏空，自己慘敗，遭受八〇年代累計最大損失的一次。

一九九一年天使投資 Avanti（我是公司第一張投資支票），四年後股票上市，成爲全世界第二大半導體設計軟件公司。回收大約三十倍。

一九九二年與大朋電子配合，開始由我親自到歐美各地設立銷售公司。前後成立了美國分公司 MATi、德國分公司 MAG，再分支出去有英國、奧地利、挪威、西班牙等行銷點。我有德國行銷公司股份一般，一直到二〇一五年才出售回去給當地合夥人 Nic East。

一九九三年投資 Altigen（第一個承諾投資創業家胡智博）；一九九七股票上市。上市時股價回收將近二十倍，但後來營業不佳，股價支撐無力，出售時僅剩幾倍。

一九九四年投資 Vertex Network（與老友劉燕良共同投入陳獻正的網路器材公司），一九九八以二億美金出售，回收二十餘倍。

一九九七年由我與蔡孟彥提案，成立橡子天使集團，投資了一些科技案子。後來衍生出舉世聞名的橡子園育成中心孵化器。

一九九八年投資 Light Logic（我是協助創業家法國博士 Jean-Marc Verdiell 的第一天使人），短短三年，在二〇〇一年就以四．五億美金出售給 Intel，回收一二五倍。

一九九九年第四次創業，協助龔行憲共同成立松光通訊 Pine Photonics，在二〇〇三年賣給日本日立 Hitachi。再過數年，合併後的公司 Opnext 在二〇〇七股票上市。

二〇〇〇年第五度創業，與陳五福、臧大化、王大成共同成立矽谷橡子園。首創華人自己第一個孵化器育成中心 Incubator。

二〇〇〇年投資 AFOP，隔年股票上市。

二〇〇二年獅子城住宅 Lion Estate 計劃結案，銷售百餘棟高級民宅。我是不大不小的天使股東，回收十分健康。

二〇〇二年我們橡子園售出持股公司 RapidStream（網路安全公司）。

二〇〇三年橡子園天使集團投資的公司 Axis（半導體設計測試軟件），高價出售。我是該案子的天使領導人，回收健康。

二〇〇四年獅子城別墅建案結束，回收優良。

二〇〇四年我參與第一批天使投資的 MPS 風光上市，後來也成爲類比電子最成功的公司之一。我的回收大約七十倍。

二〇〇五年獅子城雅雯中心（Alvin Center）是我參與天使投資的一個小型購貨中心，回收頗佳。

二〇〇五年套入某基金胡經理圈套，此後兩年被詐超過百萬美金。

二〇〇七年橡子園持股公司 InChip 公司成功出售。

二〇〇七年第六度創業我與團隊共同創辦北京的遠盟康健（Healthlink），現在是中國最大的醫療救援服務公司，也是中國市場最大的基因篩檢服務公司（在全世界也是數量第一）。我本人並且擔任之後九年的董事長。

二〇〇七年橡子園天使集團由陳五福領軍的 ArrowPin 成功出售。

二〇〇七年我投資並擔任董事的興奇科技（Monday Technology）成功出售給雅虎 Yahoo。

二〇〇九年我本人與 FBI 及 SEC 聯合調查基金胡經理。胡經理竄逃亞洲。經 FBI 協助，在香港抓到偽裝逃亡的基金胡經理。

二〇〇九年我與橡子園天使投資集團投資的 Fortinet 股票上市，回收不錯，後來這家公司在創辦人謝青的努力經營與卓越領導下，股價一度逼近美金一百億。

二〇一〇年橡子園持股公司 Opulan 成功出售，回收極佳。

二〇一〇年我擔任董事多年的華星光通 Luxnet 股票上市。我堅持了很久，才陸續賣出股票，回收累計有二十多倍。

二〇一一年我投資並擔任創辦人顧問的衛寧軟件 Winning Soft 在中國股票上市，它是中國最大最成功的醫院管理軟件 HIS 公司。股價一度衝上五十億美金。我的回收超過一百倍（賣早了，如果留下來，以後的四年，這隻股票又漲了八倍）。

二〇一一年 FBI 與 SEC 聯合在聯邦法庭公訴基金胡經理詐欺，結果判他入監十二年七月。

二〇一四年我共同創辦的遠盟康健回購早期股東，一些跟隨我投資的天使都有亮麗回收。目前我還是重要股東與董事。

二〇一五年第七次創業這一次只能算是協助年輕朋友陳思凱創立一家小型財富管理公司 OceanIQ Capital 洋智資本。後來陸續在公司內衍生出風險投資基金，房地產基金，是一家小而美的投資。

二〇一六年我天使投資的 Sumilux 軟件公司成功出售，前後不到三年。

二〇一六年第八次創業由我與曹李園合作成立 Hanford Capital 漢福資本，在谷歌 Google 總部南邊大約一．六英里蓋建十七棟高級住宅，通過山景城市政府批准預計二〇一八年底竣工。這是矽谷最熱門的區域，谷歌、臉書，還有許多科技公司（微軟、亞馬遜、領英）都在附近。

二〇一七年我參與首輪天使投資的 TechPoint Inc. 九月底在日本東京交易所股票上市掛牌，這是我本人第一次得到在日本上市的經驗。這家公司是許多汽車公司購買影像晶片的首選。上市之後，這家公司股價立刻飆漲了好幾倍，我們拭目以待。

未來數年預計還會上市或出售的公司還有 Base Venture、Paxata、Healthlink、Farasis Energy、R2.ai、Montecito……等等，我與大家拭目以待。

我的投資人生，包括了多次創業失敗與投資失利，其中還有三次以上的被騙。這些被騙的緣由，我認爲很大部分起源於自己的愚鈍與白目。而且每次被騙就損失慘重，慘重到幾乎沒有明天。但幸運的，自己的個性是屬於那種「看到下一個好玩就忘記上一個創痛」的性格，樂觀地一直繼續奮鬥，加上有家人與貴人的支持相挺，正負相抵，總算還積累了一些成績。

記錄這些流水賬，有點像是王大娘的裹腳布，又臭又長。不過光看別人的成功失敗紀錄是沒啥意思的，除非你可以從中體會我做到的兩個重點：

1、遇上讓自己充分發揮的機會時，我絕對勇往直前，絕不浪費自己。讀者可以相信，連我這種既非好學校的高材生，又沒有什麼特殊才華或技能，都能搞出一點局面，你們一定能夠更加豐富寬廣。

2、看我的例子，證明選擇玩出自己一番氣象與一片天地，絕對與你常用的藉口無關。請從此不要再說「沒有時間」、「沒有精力」、「資源不夠」，或「爸媽或太太不讓我」，「我怕被人家笑」……等等自欺欺人的話。

嘗試中遇上失敗是天然，努力過程裡偶有波折是當然，展現自己時被人懷疑或輕視更是必然。但當你努力之後，筋疲力盡躺下休息時，告訴自己我的一切嘗試都是為了對得起自己，那種淋漓盡致之後的清楚明白，則是果然。

## 5.4 畫蛇添足：我的健康人生

前面講完我苦樂兼具的好玩人生，本章應該就此結束。

不過有一段十分重要的資訊，還是得與大家分享。所以我就畫蛇添足在這裡跟讀者們分享我十分重視的今日心得（也可以放在最前端，變成畫龍點睛）。

首先，沒有健康，什麼才華能力或什麼功名利祿，全都淪爲狗屁！

再來，失去健康，你憑什麼好玩，你還能怎麼玩？

我是否能夠很健康，能活多久，都是不知道的事情。但我喜歡與大家分享以前我常常引用的一個流行歪理：

蔣介石、毛澤東、張學良，這三位華人歷史上的巔峰人物，究竟誰最厲害？

蔣介石嗎？他曾經是民初叱吒風雲獨領風騷的領袖，打得毛澤東二萬五千里長征逃竄。

毛澤東嗎？他將蔣介石趕到台灣小島，然後自己變成大陸數十年無出其右的神仙人物。

最後答案是張學良，因爲他活的最久。

咱們華人喜歡說「蓋棺定論」，意思就是說，不到進了棺材的那時刻，誰行誰不行一切都還說不定，不能過早定論。也就是說，最後在你墓碑大笑的那一位，才是最終的贏家。

唯一能在蔣介石毛澤東墳墓前面大笑三聲的同等級風雲人物，當然只有張學良。

不過，歷史不是這樣寫的，可它的含義有幾分眞實。

課本裡頭與政治宣傳喜歡將殉道者或烈士義士形容成何等偉大的英雄。這些流芳百世的故事確實感動許多人，也激勵了更多人效法學習。大家因此認爲這些擺在各地忠烈祠的英雄，是我們偉大的榜樣。

歷史上形容先走的英雄偉人叫「可歌可泣」，其他沒能犧牲的人叫「苟且偷生」，存活留下的人叫「苟延殘喘」，被英雄解救解放的人叫「市井小民」，所有我們能夠在英雄餘蔭下安居樂業的人叫「廣大群眾」。

唉？

再問蘋果電腦創辦人賈伯斯，假如可以用他舉世英名的一小塊來交換多兩年生命，你猜他會怎麼選？在「可歌可泣」與「苟延殘喘」之間，如果可以選，他會怎麼選？

毫無疑問，如果能重來，賈伯斯會選擇用一生中更多的時間來維護自己的健康，調養自己的身體，而且會從很年輕時就開始。這不是教你選擇懦弱躲避英勇，而只是強調生命的短促，你可以用來發揮自己的時間其實根本不多，也根本不夠。

我現在想與你分享的，就是「痛快人生，當然也一定要有『健康人生』這個組件！」

這也就是爲何出版業這幾年最紅的暢銷書都是「如何排毒」、「如何逆齡」、「如何減肥」、「如何長壽」。因爲大家都有同等思維同理心，只有健康的活，人生才會好玩！

我的健康人生幾年下來有些成績，或許大家都有，類似的三大醒悟吧？

## ▶生活飲食的改變：減少傷害就好，Do No Harm

我一向崇尚痛快飲食，有時候還自吹自擂生活中的大吃大喝何等暢快。有一天與朋友聚餐，我痛快地喝醉了，不記得是我這一生爛醉的第幾次了？我吐得一塌糊塗，無法開車回家。後來朋友送我回家，我爛醉如泥不省人事，到了家老婆也抬不動我。第二天早上醒來我竟然睡在家中樓梯的底端，地上全是嘔吐物。

台灣古老台語形容喝醉為「出酒」，就是說你腸胃倒翻，內外倒置，肚子裡的東西跑出來，是非常傷身的。而且前輩們告訴過我，每次「出酒」就等於減少壽命若干年。

健康生活三大塊的第一塊最簡單，就是「不要傷害自己，Do No Harm To Yourself」。

天底下的人，都不會故意傷害自己。

但很奇怪，包括我自己在內，我們人類卻還天天在有知覺地幹傷害自己的事？抽菸喝酒，暴飲暴食，就是明知不可而為之的最佳案例。其他種種飲食習慣，網路上或YouTube已經有過多資訊，我也不是專家，輪不到我狗尾續貂在這兒重複。

你最近測量自己BMI指數是什麼時候？你的體重是許多指數偏高的原因之一，無論你是否需要調整自己的體重或指數，至少你應該知道自己的數據。知道自己的身體現況，也會幫助你下意識地改變不良飲食習慣。

總而言之，健康第一塊，至少先做到不要傷害自己。

## ▶一定要每天運動：這會變成日常習慣

不要聽到「運動」，就全身緊張起來。不同年紀的人，有不同等級的運動。年輕人可以激烈運動，工作忙碌的人只需要每天動一動就可以了。

說每天運動，還不如說是「每天經常身體動一動」。再說簡單一點，你的身體越不動，就會越不想動，然後就會越來越懶越來越差。巧的是，這年頭醫生都會告訴你，每天只要做些簡單動作，你就OK了。

除了打高爾夫球之外（我完全都只走路打球，絕不坐車），我本人每周至少有五天以上做這些運動中的某一兩種，走路（也可以是爬山），瑜伽、MELT零疼痛自療，與簡單體操。這些全都是不需要場所或特別器材就可以動個過癮的活動，而且要求標準不高。與其每天要死不活地從早坐到晚，不如每天固定動一動，舒筋活血，筋絡暢通，做起事來效果還更高更好呢！

如果坊間推薦的各種運動你都沒興趣，或者你屬於標準「沒時間」藉口的族群，我教你一百零一個運動，最簡單最不傷腦筋，就叫「平板運動 Plank」。

每次你只要能夠平板撐起身體（用上臂、腳尖在地，直線筆直撐起身體），從每次一分鐘開始。每天多做幾次，慢慢累積看是否能夠增加到二～三分鐘，持之以恆，我相信你的身體就充分得到「激烈運動」的效果。我做了一年，大概每天三次，每次一～二分鐘，功效非凡。

其實經常運動還會帶來另一個更有益的附帶效果，因爲每天做點不一樣的事，換換場景改改姿勢，久而久之它會帶給你意想不到的身心平衡。

## ▶老生常談，請你放鬆

華人語言，在養生方面始終是充滿智慧的。我們所以自古以來就知道飲食決定身體健康，所以說「病從口入」。另一方面我們也說「魔由心生」，就是在告誡我們，如果心情不對，身體好不起來的。

你選擇現在讀這本書，就表示你已經選擇要讓自己暢快痛快，讓自己不留遺憾，這是非常好的心靈健康第一步。

很多人嘗試過後，說他們老是靜不下來，無法放鬆。其實他們忽略了一件事，就算全天下的事你都管不上，但自己的身體與心情你一定管得上的。

管住自己的心靈，當然也需要是一種給自己的訓練。

就像早上起床，如果第一句話是「他媽的，又得面對一大堆事情了！」你整天都心情麼可能會好？但是如果強迫自己每天醒來，第一句話告訴自己，「今天一定是最棒最開心的一天！」那麼或許你還有機會快樂一天。

我當然不會笨到在書上教人家「騙」。但是用正面心態哄騙自己，跟女人花大錢買化妝品是殊途同歸的好事。明明你的臉就是那張臉，可是早起之後，抹一點胭脂。加一點淡妝上去，忽然間整個人都精神起來了。雖然這是如假包換的自我欺騙，但這是多大的自我欺騙市場啊，又是人類幾萬年來歷久不衰的自我欺騙。

怎麼說？你有沒有感覺過，某一天你出門前穿上一件新衣服，忽然間就覺得自己精神抖擻起來？你還是同一個人，但是一件簡單的新衣服忽然帶給你嶄新面貌，同時就帶動了你的情緒心情。

告訴自己，你很好。

不論情況有多糟，告訴自己你還有那麼多好東西。

每天這樣重複正念，我不敢說你是否心情能放鬆到哪裡，但肯定苦瓜臉會少一些吧！

CHAPTER

6

# 玩出
# 成功一生的
# 「途徑與步驟」

我們在第四章已經討論過，好玩一生，玩出成功必備的基本條件：

你玩的東西，必須是來自於你長久眞誠的熱情。

要玩就玩到底，有勇敢而別無退路的決心。

想要突出，就得玩出自己的獨特風格。

想要玩大，就要敢顚覆傳統，打爛窠臼。

善用新世代科技來加速你玩的轟動。

想玩的老路子太擁擠，不妨另闢新徑製造差距。

回到原點，檢視你是否認清自己了？

當然，你或許還有更多能協助你在市場上獨樹一幟的優秀資格，但只要能夠擁有上述這些基本條件，我看也八九不離十了。

這些條件，有不少是先天的。你有就有，你若沒有，裝都裝不出來。

那麼，如果先天失調，該如何後天補救呢？就算有些先天條件，但不夠強，又如何補強呢？

我在演講時，聽眾聽到此處，覺得還未搔著癢處，就要求：「林老師，您乾脆好人做到底，就將我們如何突出的步驟全盤教給我們吧！我們以後就一步一步跟著發展！」

我笑著回答：「哈哈！這跟教人家創業不一樣的。創業成功有其基本因素與原則，做到那些基本原則，就算沒有大成，也不會輕易失敗的。」

然後我接著說：「發展個人才能，可能的領域最少有三萬六千種，每一種又都是海闊天空，也都有它自己領域生態裡的挑戰與障礙。我不可能每個領域都懂，更不可能幫你條列突破的步驟。」

後來我整理了許久，終於整理出來一些每個人可以應用的途徑與步驟，雖然無法廣寬概括所有浩瀚無涯又不同的才能發展，但至少可以當作自我提醒的幾個基本步驟。

# 6.1 從小就開始建立令人驚豔的履歷表

不是教你要在履歷表上吹牛忽悠，而是希望你多多累積發揮才能的實際經驗。開公司的人遞名片。發表自己的人當然就遞送履歷。

我自己兩個兒子從小就喜歡彈鋼琴。尤其大兒子，他是眞正擁有特別的音樂天分，至少比我這老爸強上千百倍。

大兒子小時候有一天聽見他媽媽在旁邊撥電話，就問媽媽，你打電話給某某阿姨要說什麼？

他聽了電話的 dial tone，就直接聽清楚了號碼，也知道這是某位熟悉阿姨的電話。大概十歲以前，只要我按下鋼琴上八十多個琴鍵任何一鍵，他不但可以告訴我這是哪一個音，還可以告訴我那個音在鍵盤上是屬於第幾個音階的。這是上天賜給他的天分，生下來就自然擁有的，所以後來他初中高中都得到全加州音樂作曲比賽冠軍多次，也不足爲奇。

兒子每年參加孩子們鋼琴表演的時候，主持人都會朗朗讀出各位小鋼琴師過去得獎或參賽的紀錄。不論參加多少次，我每次還眞地被那些華麗的履歷震懾，居然連才六歲七歲的孩子，都已經擁有一長串參與及成就的紀錄。先不管這些從幼稚園擔任合唱伴奏，到小學遊藝會個人才華演出，從什麼扶輪社優秀兒童選拔得獎，到參加什麼社區天才兒童競賽……琳琅滿目的履歷究竟有多重要？至少它是一個孩子們投入這項興趣的眞實紀錄。

前面介紹過我喜歡的國際著名小提琴師希拉蕊韓（Hilary Hahn），她從小不知道參加過多少次選拔賽或競賽。讀者們想想，如果希拉蕊年輕時，在報名參加選拔的時候沒有足夠吸引人的履歷，或是缺乏證明她曾經爲這個領域投入過多少心血，恐怕她連第一關報名都進不去。

這個例子恰好是音樂領域，但同樣的原則可以放諸四海皆準。從小累積建立你才氣橫溢的履歷，就是在告訴這個世界：

你對這份興趣的愛好是眞的，是長久的，不是只憑一時熱的。

這個世界只會越來越競爭，不會越來越鬆散，你不告訴人家，人家不會主動知道知道你有多棒。

你一點都不害羞，也不怕競爭者有多厲害，你不會退卻，而會繼續坦蕩光明地參與，不怕貨比貨，只怕不識貨。

不過，隨著年齡增長，你的履歷表當然也得與日俱進。我建議幾個很好的原則：

・履歷表每隔一段時間就要重新整理，去蕪存菁。

・得過冠軍，亞軍紀錄就不用寫了。得過歐美大賞，就不用再記錄什麼地區小獎。參加過國際大賽，這種紀錄多多益善。曾經跟隨那位大師學習，也會爲你加分。如果你曾經有過正式的發表會，那絕對是平地起高樓的力量。

・實戰經驗越多的履歷表越令人驚訝。

・參加過哪些畫展，展覽過什麼作品？寫過哪些文章，在哪些報章雜誌刊登過？主持或表演過什麼節目，場面有多大？發表過幾篇作曲，曾經被誰使用演出過？特別會煮什麼菜，在哪家大餐廳學習實習過，從切菜到二廚再到大廚歷練了多久？

有時候，這樣的履歷表反而對自己最有用，它提醒你自己，是否有什麼不足，還需要加強那些方面等等……。

勇敢地將自己端出去賣。履歷表只是每天行銷的工具之一。

我花了數十年時間培養與投資創業家。現在翻轉，希望能培養與協助懷才未遇的個人。

大部分創業家都犯了一個同樣的錯誤，他們都固守在自己熟悉的領域，然後堅稱自己不搞行銷，不是在銷售。有才華的個人，也在犯這同樣的錯誤。

我經常說，全天下每個人每天都在行銷，如果不是在賣東西，就是在賣自己。你有才華，不放在擔子上自己挑出去賣，誰會幫你挑擔啊？你的履歷，就是你的擔子。說穿了，也不過就是行銷手段裡頭比較明顯的一招而已。不要再扭捏作態故作不好意思，大方地將自己秀出去吧！

## 6.2 名師出高徒並非唯一途徑，但絕對是好途徑

如果你告訴人家，你曾經跟著張大千或趙無極學過畫，或說你曾經跟楊英風或朱銘學過雕刻雕塑，這和你曾經跟著某位香港命理大師學過算命，或你是某位佛學大師的關門弟子還一起修煉多年的介紹是一樣的，你立刻身價百倍。

千萬不要誤會，以為這是在鼓勵你說謊忽悠。事實上，你要被這些舉世聞名的大師收為弟子，本身就是一樁大挑戰以及極高的門檻。我們光是看報紙也看過許多套著某某大師弟子的光環，在外招搖撞騙的故事，確實大有人在。

我在矽谷從事天使投資與創業創投凡四十年，看過成千上萬的計劃書。我們有一個大家都承認的不成文默契：如果某一家新創公司被某鼎鼎大名的創投基金看上了，大家就會搶著追在後面跟投。同樣道理，如果比爾蓋茲投資了某個新創團隊，這個團隊一定會水漲船高。這就是我以前說過很多次的「公信力」。你的事業發展，越早得到具有公信力的人支持或贊許，就越有力量。

音樂家，人家會看你的老師是誰或者你曾經與誰沾過邊。如果你曾經與小提琴大師伊扎克・帕爾曼（Itzhak Perlman）或海飛茲（Jascha Heifetz）同臺演出過，這那全就

等於你的燙金鍍金，而且是最高檔的燙金鍍金。

全世界能打網球的高手如雲，但如果你說你是滿貫王費德勒（Roger Federer）的弟子，大家都要先給你三分路。事實上，名師出高徒絕對不假，縱使你天縱英才，肯定是不可一世的天才，但如果經過名師指點，就像名駒找到好馬師，你勝利的機會當然大增。

天底下想靠高爾夫球吃飯的人多的是，高爾夫球打得好的人也多得是，而你知道美國高球職業巡迴賽的前一百名，連排名最低的年度收入都還上看兩百萬美金！所以誰不想擠進去？於是高爾夫學校如雨後春筍般地成立，生意最好的，果然就是那些昔日冠軍多成立的高爾夫學院（包括老虎茲伍茲學院，女子冠軍安妮卡的學院）。

再看看我自己孩子畢業的南加大（University of Southern California），有一所名震中外的影藝學院。除了它位置就在好萊塢旁邊之外，你猜它爲什麼是喜愛電影的學生之首選？因爲它的畢業生以及來到他這兒講課的老師，就包括了星際戰爭創始製作人喬治・盧卡斯（George Lucas）以及本世代最賣座的導演，創造過《法櫃奇兵》（*Raider of the lost ark*）、《侏儸紀公園》（*Jurassic Park*）、《辛德勒名單》（*Shindler's list*），《搶救雷恩大兵》（*Saving Private Ryan*）這些經典巨作的史蒂芬・史匹柏（Steven Spielberg）。只要你是這所學校畢業的，所有好萊塢的大製片廠都會優先錄用你。

一般人不曉得，其實南加大的校園，也是所有大學校園被攝入著名電影鏡頭最多的地方。

爲什麼音樂名家都希望他們的孩子進入紐約的茱莉亞音樂學院？爲什麼大城市的愛樂交響樂團要聘請新樂師時，也會優先錄用茱莉亞音樂學院的畢業生？當然也是同樣道理。就算其他學校的老師一樣好或甚至更好，茱莉亞學院就是茱莉亞學院，沒得換的。

這時候有人又抗議了。他們說，這些名師與名校的學費都貴的要死，一般人哪負擔得起？林老師的意思，是否說窮人就沒有機會了？

當然不是？「機會」這東西，對窮人富人都一樣是「機會」，看自己如何去爭取而已。

別的地方我不曉得，美國這個地方，有時候會刻意地追求平等，所以具有獨樹一幟特殊履歷的窮人，在美國機會甚至給更好更大。我記得孩子們高中在申請大學時，成績只是一部分，尤其像哈佛史丹福耶魯這一層級的學府，他們更注重學生們總體的特殊表現。他們的蒙塔威斯達高中在加州是最好的高中之一，但那年全校進入史丹福大學的只有二位。同一年，矽谷另外一頭聖荷西比較貧窮地區的高中，進入史丹福大學的卻有四位。

前幾年還有一樁著名的故事：一個窮人家孩子申請大學時寫了一篇文章，敘述她從小到大觀察好市多Costco的感想，結果常春藤六大最佳學府通通要了她。如果眞的很窮，就將「很窮」這個事實翻轉爲你的優點與利基，反而讓人耳目一新。我如果是名師，我也會特別想找有特殊才華的學生，而非只吸收一般的有錢學生。

## 6.3 真金不怕火，參加越多比賽，你的身價就越高

未來世界有越來越多讓你表現才華的機會。有時候我甚至覺得，很多障礙被鏟平以後，五花八門的機會似乎多到有點浮濫了？

就拿人才眾多的歌唱行業來說（藝術競賽、寫作比賽、畫圖比賽、賽車、賽馬、賽跑、演講比賽、辯論比賽，甚至吃飯比賽、大胃王競賽……你想得到的項目都會有比賽）：

往昔日子，一個女孩子若想進入歌壇，就算有再好的天使歌喉，自己根本不得其門而入。她首先得認識某位厲害的經紀人，或參加某個歌唱訓練班（騙子特別多），才有可能靠他們安排上電視或在歌廳舞廳裡初試啼聲。她可能需要在這些場所以三流小歌手的身分跑龍套，卑躬屈膝地混很多年，然後某天主角生病了，她或許有機會擔綱。縱使混出頭了，她還是得四處打躬作揖，請媒體吃飯套關係，送電視導播與製作人紅包，甚至被傳播媒體界或娛樂界要求做不可告人的事。

現在一個有歌星夢的女孩，光是電視上就有好多直接報名的歌唱選秀節目可以參加，大型節目像《好聲音》、《歌手》、《偶像》、《星光大道》都一直在尋找優秀而有

特質的新秀，還有各省各市各自都有不同的小型節目。節目多了，彼此挖空心思在挖掘新秀尋找特點，因此它們需要的人才數目就海量成長。會唱歌的你需要這些表演舞臺，表演舞臺它們更需要你。

如果上不了電視，上網的表現機會更多的不得了，你愛怎麼表演就怎麼表演。YouTube、土豆、優酷，五光十色的各種直播，微電影微電視，還有日新月異的原創選秀節目。不只是唱歌，任何有特殊才能的表演都可以上臺，他們尤其歡迎從未出爐過的表演者。換句話說，以前只有熟悉的大牌明星才容易找到機會上臺，現在所有這些節目反過來天天在絞盡腦汁尋找新面孔參加選秀比賽。

如果你是眞金，眞金就不怕火，就不會害怕參賽。反過來，如果你並沒有眞本事，這是自己好高鶩遠，那麼參加比賽的好處就是一巴掌打醒你。不要像我的高爾夫冠軍好友顧先生，不用等訓練十年之後才發現自己不行，不適合。

參加越多，你的臨場經驗也越多，自己越來越厲害，而認識你的人也越來越多，PO你上網的短片或比賽現場錄影的精彩畫面也越來越多，還四處被人下載。你不再是一個需要一直等電話給你上節目通告的小歌手，你是一個可以主宰自己表演命運的現代人。

# 6.4 活用未來世代無所不在的表現機會

個人表現的機會，有許多確實是以比賽的模式出現。但所謂「選秀」，形式並不一定全是比賽。它可以是某種展覽，或是協會活動、社區慶典，以及任何有群眾的場所，像舊金山的漁人碼頭，洛杉磯好萊塢的大道，都有各種人在街頭表演，而且不少都有出色的職業水準。眞的就有人在街頭被星探發掘，邀請進入酒店或餐廳的舞臺表演。

我最欣賞的兩個例子：

腹語術口技表演這個在亞洲不被重視的技藝，在美國卻長久以來都是大家喜歡的一種表演藝術。對腹語術表演者，可能華人讀者以爲這有啥了不起？事實上我認爲，華人父母大概不大可能讓女兒嫁給靠講腹語謀生的人？更不可能准許或支持兒子選擇腹語術表演行業爲終身職業？

但你可知道，有名的腹語術專家在巡迴演出時，光一個人上臺，場場都將體育館或大禮堂擠爆？在拉斯維加斯的賭場演藝廳，他可以簽十年上億的表演合約？

傑夫．鄧翰（Jeff Dunham）是一位出生於美國德州達拉斯城的腹語術專家，也是諧星。他八歲時，爸媽在聖誕節送他一個附帶有腹語術學習影帶的傻瓜人偶，從此他就開始對腹語術產生興趣，第二天就到圖書館借了四本有關腹語術的書。

之後他每天都花好幾個小時練習，小學六年級的時候他就開始參加「腹語術協會」舉辦的年度腹語術競賽，很快就得了獎。初高中時鄧翰就開始在學校、教堂、遊樂場所，以及任何人家的派對找機會演出。高中畢業時，他就為自己許了一個願，十年之內一定要上美國最紅的《今夜 Tonight》娛樂訪談節目。之後鄧翰繼續努力四處表演，起伏數年之後，他終於上了今夜節目，並且贏得觀眾爆笑大樂，結果前後上了這個節目四次。

《今夜》這個節目是我自己也愛看，美國夜間收視率連年最高的娛樂訪談節目。鄧翰經由這個節目多次露臉建立了知名度，這幾年他還開始有完全屬於自己的獨立電視專輯，他塑造了四五個特別有個性的傀儡，在一小時的特別節目與他對話，從恐怖主義到政治戲謔，從種族衝突到南北方特色，每一集都推陳出新，笑破肚皮。都城拉斯維加斯也重金禮聘他表演，依據娛樂雜誌的報導，他去年收入高達二千三百萬美元，自己的淨資產大概在五千萬美元左右。

就靠一個人表演腹語術，與傀儡人偶在臺上互講笑話，這樣子可以幾年賺到美金五千萬（台幣十五億，人民幣三億）？真是新世代無奇不有，行行出狀元！不過讀者沒看到，鄧翰從小就勇敢的四處表演，只要有機會，任何地方他都去。就是因爲他不停的到處抓機會大秀特秀，秀到連頂紅的電視節目都一再邀請他。到今天，雖然已經功成名就，傑夫鄧翰還是以同樣精神抓住每個機會，毫不遲疑地表演。

當然，人一紅，有人褒揚也有人酸貶。坊間攻擊傑夫鄧翰的網民也很多，批評他笑話內容有很多踩了種族紅線（譬如老是講些將中東人與恐攻主義連起來的玩笑，過多的白人色彩（總是一美國白人的角度看世界）。但是很奇怪，越有人批評辱罵，鄧翰的戲場就越旺，邀約就越多，或許這也是資訊暢通之後一切百無禁忌的效果吧？

當然，腹語術的天下不止鄧翰一人。同一時間，有另外一位腹語術的新起之秀泰勒費德（Terry Fator）也迅速崛起。還有在《美國達人秀》（America's Got Talent）大放異彩，才十二歲的達西－泰勒費德（Darci Lynne Farmer）。

泰勒費德的崛起，也是因爲他努力到處表演，結果被美國的媒體皇后歐普拉（Oprah Winfrey）撞見，歐普拉不但給他機會，還特別培植他進駐拉斯維加斯秀場。

十二歲小女孩達西泰勒費德則是最近的故事。《美國達人秀》是當紅的節目，原始創作人賽門・克威爾（Simon Cowell）兼任評審，是其中最尖銳毒舌的一位。達西得到機會參加這項選秀，利用她的人偶，以腹語術竟然對著賽門唱起情歌，全場爲之轟動爆笑。

這兩個故事是希望告訴讀者，他人輕視你，說你只有卑微的才能，但只要碰到對的對象，你絕對都可以快速清水變雞湯，讓那些批評你的人跌破眼鏡。

滿腹才華的朋友，下次再有人邀請你表演或露兩手，拜託你不要再假惺惺地說「哎呀！沒什麼啦！」或「不好意思啊！不用啦……」不要遲疑，不要推托，抓住每個機會當仁不讓的秀！記得一個定律，今天你秀給二十個人看，就有二十個人知道你多有才能。下次你再有機會秀出自己的時候，就是從第二十一人開始。日復一日，夜復一夜，只要你不放棄，繼續表演繼續展示你的才華，你遲早會累積巨量的知音伯樂。

## 6.5 抓住不斷出籠新機會，鹹魚翻生

這年頭，你不看好的節目就是會紅，你覺得不怎麼樣的人就是會成名，你以爲根本不登大雅之堂的技能居然有百萬人喊讚，這就是顚覆。顚覆的最大好處，就是讓那些以往默默無聞的鹹魚，個個都燦爛地翻生。

大約兩三年前開始，世界各地開始流行《極限體能王》（Ninja Warrior）障礙競賽的節目。你如果看過這個節目，就知道所謂的障礙有多困難。

任何人都可以報名參加這個競賽，頭獎是百萬美金。但如果你沒有兩把刷子，只想去碰碰運氣，對不起，保證你摔得鼻青臉腫。這個競賽通常從資格賽開始，然後在各個城市選拔體能最強能夠以最快時間闖過所有障礙的選手，之後將這些精英集中到拉斯維加斯進行魔鬼般的障礙挑戰賽。

以前我們看到孩子喜歡活蹦亂跳，一時刻都靜不下來，長輩們還會詛咒說這孩子，只會亂跳亂動，將來不會有出息。現在《極限體能王》障礙競賽就爲所有喜歡跑跑跳跳的年輕人提供了前所未有的新機會。新世代有一個族群叫做「街跑族 Street Runners」，他們只要出門，見牆翻牆，見欄杆跳欄杆，有高牆就爬，之間還可以翻好

幾轉，屋頂之間跳躍。以前警察碰上這些人就頭痛，取締不來，現在有了《極限體能王》障礙競賽的節目正好讓這些好動族多了一個可以翻滾跳躍的場所。

雖然參賽者並沒有薪水可拿（只有最後的大贏家可以獨得巨額獎金），但已經有表現優異的選手被邀請拍運動飲料廣告。而且運動員們正在組織他們的協會，要求競賽單位提供酬勞。

別以爲這些愛跑愛跳的人都只是好玩？光是跑來跳去哪有錢賺？就是如此沒錯，他們就是愛這麼一邊玩一邊賺錢，也玩出了好大的市場。

讀者們看過「鐵人三項」（IronMan Triathlon）」這個活動吧？它是由「世界三項運動公司」主辦的運動項目，上千名選手要先游泳三．八公里，上岸後立刻馬不停蹄地騎腳踏車一八〇公里，接下來跑一個完整的馬拉松四二．二公里。而且它們舉辦的場所都是像夏威夷，澳洲這些酷熱的海灘到山路區域，全程的環境嚴苛，充滿艱巨挑戰。

除了參賽的頭牌選手個個身懷絕技，不是猛龍不過江，競賽過程精彩好看。一般選手更是感人，我們看過裝義肢的跑者、推輪椅的選手、需要人一路牽著的瞎子運動員，一直跑到深夜才完成壯舉。他們對「鐵人三項」運動著迷，因爲經由這項運動，他們向自己證明可以做到，對自己的人生提出交待。

你們知道「鐵人競賽 IronMan Triathlon」這個品牌現在價值已經超過美金七億？我

小兒子以前在全球最大的私募基金工作時，就負責管理「鐵人競賽 IronMan Triathlon」這個品牌。那時他告訴我，「鐵人競賽 Iron Man Triathlon」這個品牌市值可以達到十億美金以上，因爲這個活動牽涉到的運動器材、飲料、健康食品、觀光景點等市場太大了。而優秀的運動員經過這個活動變成職業選手，既好玩又有大錢賺，標準的玩出成功。

更重要的，這個運動現在已經變成了最佳心理療癒典範。我們看到父子同跑，母女手牽手全程，哥哥背著智障弟弟跑，大家都只有一個目標：「完成 Complete！」「有始有終的完成！」只要完成一次，他們就覺得自己好像已經完美征服喜馬拉雅山峰般地快樂滿足。

好動兒、健康男女，還有宣稱自己是運動健將的朋友，有種的就來玩鐵人三項全能運動吧！

「林老師，你又來了，我們不喜歡動，也不可能那樣劇烈運動，是否我們就都沒機會了？」我聽見有讀者如是抱怨。

嘿嘿！不愛手足運動，那是你家的事。如果你懶，那麼動動嘴巴跟腸胃總可以吧？

好久好久以來，我都愛看日本的《火力全開大胃王》節目。

這是驚奇的經驗。觀看幾位瘦小的女士在三十分鐘之內比賽吃下七十根炸雞腿，或二十五盤咖喱飯，或四十五分鐘吃掉四十碗熱騰騰的叉燒拉麵，吃完以後，居然笑著說，肚子還餓。

我不曉得醫學或生理學上怎麼分析這些大胃王，他們是天生的還是後天培訓的？但無論是男生或女生大胃王，他們似乎有幾個共同點：

大胃王總是個兒矮小身軀瘦弱的（至少在亞洲是如此，身軀壯碩或肥胖的大胃王在歐美也只看過幾位）。

大胃王看起來都是客客氣氣徐徐緩緩的，但吃起東西來卻像排山倒海（他們在媒體之前表演吃飯，所以都還維持一定的優雅）。

依據節目報導，大胃王經過醫生檢查，基本上都很正常健康（對一般人來說，經常性的暴飲暴食絕對是健康殺手）。

爲什麼一個四十多公斤的女孩可以一小時吃進十公斤的食物，還面不改色，神色自若的？有人用身體掃描器分析過，說他們的結構有些不同，腸胃特有彈性，但參賽的女士說她們很多是靠自我訓練的。

我特別喜歡近年來的日本兩位大胃女王俄羅斯佐藤與三宅社長。

這兩位女士就是典型個兒矮小，身材纖細，而且都算長得不錯很有氣質的女士，居然都得過大胃王競賽的冠軍。她們兩位南征北討，出國競賽，爲廠商拍廣告以及代言，都可以說是名利雙收。本書舉證過很多憑著天賦才能充分發揮而成功的案例，可能沒有比這憑著「吃飯才能」而聲名大噪更令人跌破眼鏡的例子了。

我從不反對十年寒窗苦讀，或一輩子辛勤工作，或戰戰兢兢安守本分熬過一生，那是過往以來我們的教育灌輸給我們的「正確」人生態度。我不曉得這些名利雙收的大胃王有過幾年苦讀？幾載辛勤工作？難免有人會覺得這似乎很不公平？

如果你覺得人家靠痛快吃飯就比你有名有錢，實在不公平，那麼你的未來歲月，恐怕會愈來愈難過。因爲像這樣子無厘頭發生的世界新亮點，只會愈來愈多。

同時你可以想像，如果你的孩子說要從事「吃飯表演」爲成功成名的事業，你是否會先會爲他擔心究竟有沒有這種技能與市場？能否成功？會不會傷身？然後你會不會越想越氣，生氣到瞬間頭腦短路爆炸？

不過，未來世界就是這樣，越來越多鹹魚翻生的新機會，讓你意想不到，讓你目不暇接。

## 6.6 沒有不好的職業，只有不好的心態

這句話乍聽之下，顯然很有語病？

林老師當然不會笨到告訴大家天下沒有不良行業。你要幹所謂為非作歹逼良為娼販毒嫖賭，那是你家的事，不在本書討論範圍。每個人會踏上某個行業，都有他自己的故事與緣由。世間之事，無法憑著個人自我單向眼光去判定是非對錯的。

今天咱們討論的目標，是在尋找「讓你好玩一生玩出成功的途徑」，而非討論社會認可法律規矩。

所以我對「不好的職業」與「不好的心態」只有一個簡單定義：

明明不喜歡，卻還委曲求全幹了一生的工作。

擁有豐裕海域的國家，都有潛泳下海撈取珍珠的海女。以前很多，現在越來越少。對一般女士來說，潛入深海撈取珍珠算啥職業？

海女的工作不但危險，她們為了工作靈活又不能穿一大堆保護衣，就在冰冷刺骨的海水裡待上個把小時。夏天炎熱的太陽加上鹽分，會將皮膚曬成古銅色甚至還會傷

害。更糟糕的，由於過度打撈，海底天然撈取珍珠的收穫愈來愈差，她們可以說是在以最辛苦的勞役換取危險又低廉的酬勞。

現在絕大部分的珍珠都是用科技養殖的，所以海女那海闊天空的生活方式即將沒落。許多這種古老流傳下來的技藝，因爲市場與環境改變，不再是合宜的謀生方式，逐漸會失傳。

以前有部電影描述海女的故事，將它形容的好像仙女生涯。近來也不斷有介紹海女生活的電視影集，其中訪問沖繩的一群海女，他們其中老的多年輕的少。他們說，這份工作其實一點都不羅曼蒂克。但這是她們生長的海岸，也是她們喜歡的工作，所以一做就做了一輩子，無怨無悔，現在只擔心後繼無人。不過他們都異口同聲強調，他們一生在海裡討生活，非常喜愛這樣的生活，你要她們選擇其他的生活方式，還不知道從何選起呢？

海女說，她們的工作毫無束縛，每天與海闊天空的大自然爲伍，與一望無際的沙灘相處，就算長時間潛水是辛苦的事，她們每天還是快樂滿足。但是大家難免會懷疑，如此職業實在不容易，如果提供她們相對簡單的城市機會，她們還會喜歡潛水撈蚌的工作嗎？

好吧，那麼我們就來看看城市工作能否帶來快樂？

## 最高的價值都在平凡工作中發生

不久之前，我搭機從上海經香港到台北。因爲我的班機提早到達香港，所以我可以改搭提早一班航班接飛台北。那次旅行一共三個禮拜八個城市，等到香港台北這段，已經接近尾聲了，而我也已經十分疲倦勞累，巴不得早點回家休息。

能夠臨時更改班機提早回家，我當然非常高興。等我順利得意地上了這班飛機，就立刻睡著了。睡了好久之後，才忽然驚醒，我完全忘記了我還有一箱拖運行李從上海Check-in，自己在轉換接機的時候澈底忘記了這個行李。所以我上了提早的班機，但我的行李會在這一班機上呢？還是我本人好不容易提早到了，行李還是在一小時之後的下一班飛機上？甚至會不會他們在在下一班機上看不到我，就將我的行李拉下來呢？

香港的機場人員，不知是沒有注意到我改了班機但還有一箱行李在原班機上？到了台北之後，我在行李出口等了數十分鐘以後，果然我的行李沒到，我只好向機場的遺失行李的窗口報到，請她們幫忙尋找。這位服務小姐非常熱心，立刻電文查詢，很快地確認我的行李掛在下一班機上。當場我安心了許多。

這位瘦瘦小小的服務小姐在知道我要留在行李間等待下一班機之後，立刻拿一瓶水和一罐果汁給我，並且搬了一把椅子讓我坐。之後幾乎每五到十分鐘，她就走過來問我是否一切ＯＫ？我還需要什麼？她還可以爲我做什麼？

我的感動並非在這時發生的。

當我在等待的那一個半小時中，我沒事做，就一直觀看這位服務小姐爲他人處理行李問題時的行動。她一共處理了三個像我如此焦慮的乘客，每一位都受到她親切而實在的招呼處理。不但這樣，當看到似乎有類似的行李出現在遠方閘口時，這位服務小姐立刻毫不猶豫，一馬當先地衝過去將行李搬回來。

請讀者們注意，這位服務小姐身材瘦小，有幾個行李我看都比她的體重重。而且這份工作在一般人的眼光中，恐怕也不是什麼華麗注目的工作，就好像香港的人員混一混就過去，讓別人去傻傻地處理吃力不討好的「笨」工作。但是這位服務小姐不但不嫌她的工作輕微，甚至可以清楚地感覺到她的熱忱投入。

我最感動的是，中間有位老外也尋求幫忙。當老外形容完畢他的行李之後，這位服務小姐立刻說她好像在其他閘口看到類似的行李，然後衝過去在堆積如山的行李堆中把這個行李找出，扛起，揹到我們在等待的休息區。結果老外看了，正是此物，他們兩個都好高興啊！

接下來的幾秒鐘，把我看得都差點流出眼淚來。

在老外高興地扛走行李之後，這位服務小姐，在她自己的崗位上默默地做了一個爲自己做的握拳揮手滑了半天圓的手勢。那個手勢是老虎伍茲（Tiger Woods）在贏得冠軍之時的慶祝手勢，YES！她因爲完成了對一個完全陌生而未來可能也不會再見到的乘客的幫忙，YES！自己好高興好滿意好歡喜。

在那一刻，我看見的這位平凡女士，也許在別人眼中她只是萬千員工中小小一位，做的是最底層毫不起眼的例行工作。也許在某位遊客眼中，這位只是他急忙趕路途中不需注意又毫無關聯的人。但在我眼中，她卻是一位絕無做作，打心底徹底敬業，而完全身段柔軟內心流暢的天下第一快樂人。

朋友們，也許有人說這種事到處可見，不需大驚小怪。但我卻覺得，還有什麼更能夠詮釋「敬業」與「價值」？再多的書或再多的解釋，都比不上我在這位不知姓名的女士身上看見的價值與光彩。

讀者們看看這位女士，她是何等開心地在做著其他漂亮女生不屑一顧的工作，享受著平凡任務裡盡心盡力的成果。她幫助這些之前不認識，之後也不會再見的過客，但她對自己的價值毫不懷疑，對自己的貢獻充滿信心。我相信如果我每天坐在機場裡觀看她，她應該是隨時隨刻都這麼開心，這麼敬業的。或許這就是我們所說的「成功快樂」。

要是由臺面上光鮮豔麗的達官貴人來看，他們可能會對這位女士嗤之以鼻：「就做這些雞毛蒜皮小事啊？有什麼好快樂的？」或者讓一般爭先恐後求出頭的大眾來看，恐怕也會說，「這能賺幾個錢？每天忙得要死，又有啥意義！有什麼快樂的？」

可是大家想想，這位女士才眞是我們最好的導師。她教我們如何在簡單的內容中欣賞自己，教我們怎樣在平淡的環境裡享受努力的成果。她在平淡工作裡自得其樂，何需任何理由？或者說，別人需要的華麗理由，又關她何事？這個世界若能多幾位這樣的女士，將會增加多少快樂與祥和？更重要的是，這位瘦小的女士清楚的教育了我們一課，她在平淡的工作中獲得扎實的充實感，遠比其他達官貴人社會名流快樂多了。

所以我說，世上沒有不好的工作，只有不好的心態。

## 6.7 不放棄自己的才華，就永遠不會失敗

幾年前我在最大的經濟日報與工商時報同時有每周專欄，那時候我正好讀了艾克哈特・托勒（Eckhart Tolle）所寫的《一個新世界》（*A New Earth*），大爲感動，就在兩報連續分享了一系列我自己的心靈激勵專欄。

艾克哈特・托勒最有名的兩本書是《當下的力量》（*The Power of Now*）以及被媒體皇后歐普拉選爲最佳心靈激勵書籍的《一個新世界》，這兩本書都是紐約時報名列前茅的年度最暢銷書，賣了三五〇〇萬本。他憑著這兩本書成爲家喻戶曉的心靈書籍作家，好萊塢最受尊敬的精神古魯導師（Spiritual Guru），同時賺進了大桶美金。

不過你可知道，在他大紅特紅之前，曾經頹廢沮喪到嘗試過自殺？

研修哲學的艾克哈特・托勒在二九歲時自己在日記上寫的：「我無法再活下去了。因爲我完全不知道自己是誰？就連想自殺的我，都不知道究竟誰是這個想自殺的自己？」

同時他寫了幾句我特別震懾了我的感言：「I didn't know at the time that what really happened was the mind-made self,with its heaviness,its problems,that lives between the unsatisfying past and the fearful future,collapsed. It dissolved. 當時我並不知道這個被我心靈製造的自己，在充滿沉重與問題的重壓下，又存活於對昔日的不滿以及對未來的恐懼之間，已經崩潰分解了。」

也就是在如此極端沮喪的盡頭，他重新找到了自己。他有一種死而復生而一切重新開始的感覺，將他整個心路歷程寫出他的巨著。

他寫說：「當他隔天早上在倫敦街頭散步的時候，發現自己內心裡充滿深層的平靜」。艾克哈特．托勒說，他在那一刻，就從過去幾年每天感覺「世界與他擦身而過」轉變成感覺「這個世界充滿奇跡與寧靜」。他說：「原來我的寧靜一直都在內心那兒，不需我用力，我的內心自己就會靜靜的存在那兒，凝視、觀察。於是我開始感覺自己的人生目的。」

一個瀕臨自殺邊緣的年輕人，覺醒之後感動了千千萬萬的人，這是多麼美好的實例。

上天給了這位思想家沮喪的一段時間，然後在自暴自棄的臨界點讓他浴火重生。艾克哈特．托勒將他的心靈感覺寫出來與大家分享，這就是最典型的勇敢秀出自己。如果你秀出來的東西有價值，你遲早會遇見與你共鳴的對象，然後大家被你感動，你就會被這些被你感動的廣大群眾接受。

如果艾克哈特·托勒自慚形穢自殺了，如果艾克哈特·托勒持續頹喪而放棄他的修煉了，這個世界當然就不會知道他有多好，也無法享受他帶來的感動。

朋友們，如果你也是同樣充滿才華，卻又對世間機會充滿狐疑的人，請你在彷徨之中牢記一點：只要你的才能是眞的，只要你不放棄，你就永遠不是個失敗。只有當你放棄的時候，你才會是眞正的失敗。

推動自己，有挫折是正常；行銷自己，有阻礙是當然。放棄自己原始意願而委曲求全，那就是放棄你人生的目的，也就是一切免談。

CHAPTER

7

# 一路玩到發

這本書所謂的「一路玩到發」其實含有兩個意義：第一個含義是提出「只要選擇玩出自己天賦才能，你一定會成功發達，你的人生也因此而痛快快樂」！

第二個含義是說選擇從事自己喜歡的工作好玩一生，還有另外一個好處：既然是獨立自主，你理所當然可以一路玩到底，不必聽別人說何時該停？何時要退？

也就是說，「一路玩到發」教你選擇一生玩自己的天賦，沒有任何人可以制止你或阻擋你，它的擴大含義就自然包括了你可以痛快地「一路玩到底」，也「一路玩到掛」。

中時電子報曾經轉載一篇研究報告：根據英國《每日郵報》（*Daily Mail*）報導，加拿大西門菲莎大學（Simon Fraser University）比迪商學院（The Beedie School of Business）與美國賓州大學（University of Pennsylvania）及北卡羅萊納大學夏洛特分校（University of North Carolina Charlotte），針對一二七七名大型國際金融諮詢機構員工進行問卷調查。研究綜合七六三份員工體檢報告，考量工時、工作狂程度、工作參與感，以及幸福度進行分析：

結果發現，「超時工作以致罹患心臟病、糖尿病的員工，大多是工作上參與度低的那群。而工作參與度高、自願超時工作者，鮮少有健康問題，疾病風險甚或比非工作狂低」。

換句話說，對自己工作感到有興趣而自願想將它的好人，可以一路玩下去，玩到掛的時間說不定可以好久好長。對自己工作感到沒興趣，只因爲沒辦法才不得不做，或爲了餬口養家而去混的人，不好玩的一生會招來各種健康問題，也是可想而知的。

所以，選擇自己一生事業，不僅只是工作起來痛不痛快，還直接攸關你的健康與壽命。

好玩一生，當然與心情有關。

好玩一生，也與健康攸關。

好玩一生，應該可以讓你一路玩到掛，玩很久很久（可能比不好玩的人玩的更久）。

## 7.1 等待，不會迎來「好玩人生」

我給「好玩人生」的詮釋，認爲只有充分發揮自己才能，讓你不後悔也沒有遺憾的人生，才是好玩的人生。

你的人生在家庭、朋友、社區、工作，以及整個世界之間存在。其中占據你人生極大板塊的一大部分，當然就是工作，也就是你的一生事業。除非你是離世獨居的隱士，或是含著金湯匙出生的富二代，理想工作必須是你「好玩人生」的重大組件之一。

但我們也都理解，理想工作並不存在。理想工作只存在於你兩道眉毛與兩個耳朵之間的思維與態度而已。就算你是富可敵國的郭台銘、張忠謀、馬雲、馬化騰，或是比爾蓋茲、賈伯斯、馬克・祖克伯，再偉大的事業也不會完全合乎你百分之百理想。

所以我進一步給理想工作（也就是理想事業）的定義，就清楚地回到與「成功快樂」緊密捆綁的原點。我徹底相信，理想工作與你是否得到生命中的成功快樂，是一體兩面的同一件事。就是我一直以來的定義：

**做你喜歡的事情，過你喜歡的生活。**

**喜歡你在做的事情，喜歡你在過的生活。**

理想工作需要靠實際行動才能取得。只有你勇敢選擇自己的理想，然後在他人反對的聲浪中實際踏出，你才有可能獲得經由理想工作而得來的「好玩人生」。

「好玩人生」就是自己選擇能淋漓盡致發揮隱藏才能的事業，然後以此痛快地玩一輩子的人生。雖然它不見得帶給你功名利祿，但它的趣味雋永，而且永遠是你自己的。這是與大塊吃肉，大口喝酒，放肆縱欲，或呼風喚雨那種短期自我麻醉最大不同之處。

不要再猶豫，選擇自己的好玩人生吧！

你還在等什麼？

但是，很多人說：

「爸媽都希望我穩定上班。等我以後一切安定，就可以開始追求自己興趣。」

「現在家計負擔很重。等我賺完第一桶金，輕鬆一點，再來做我喜歡的事情。」

「照顧孩子，每天事情那麼多，等他們長大以後我再來發展自己的興趣吧？」

更有人說標準答案，「哎呀，我當然知道自己想做什麼。但我現在條件那麼差，眞的去做，萬一做不成，豈非前無去處後無退路？」

以前我說過這麼一段故事，現在再次引用：

日前看到一個公共電視節目，由一位年約七十歲精神抖擻的老婦人演講給滿廳堂的年長銀髮人聽，題目是「Seniors, Time to get real！年長者們，該到了實際行動的時候了。」這位講者十分年長，聽眾的年齡跟她差不多，都是白髮蒼蒼齒牙動搖的老者。

這位年長的演說家，首先詢問數百位專程前來聽她演講的銀髮族，你們一生最想做的事情，過去因爲種種原因而沒有做，現在到了退休或半退休的時候了，你們是否終於在做這些想做的事？

她問：「你們有誰一生最喜歡繪畫？」幾乎所有的聽眾都舉手。

她跟著問：「你們這些想要繪畫的朋友，有誰現在經常在繪畫？」剩下不到五雙手，中間有幾雙還信心不足地半舉半收。

然後她問：「你們有誰一生最喜歡旅行？」幾乎所有的聽眾都舉手。

她跟著問：「你們這些想要旅行的朋友，有誰現在每年籌劃幾次長程的旅行？」剩下不到三雙手，中間有幾雙還信心不足地半舉半收。

接下來演講者又問：「你們現在七八十歲了，一生想要繪畫，想要旅遊，但到現在還在空想而不行動，你們究竟在等什麼？現在還立刻不展開實際行動？」

原來，想而不做，思而不動，是大家的通病，連行將入木的人也還在「等待」。

我若當面問你究竟在等待什麼，你自己也說不清。

我們在街上遇見老友，寒暄兩句以後，就說很高興見到你，下次電話約了吃飯吧。與家人討論一件大家有興趣的活動，興高采烈談了一段，之後就說下次大家有空再來計劃吧！多少次與人約了見面，說到大夥兒一個計劃，但是弄了半天，結論還是下次再繼續來談吧！……就算你自己沒說過這樣「拖延等待」的話，一定也聽朋友說過。

## 7.2「現在」就是啟動理想工作與好玩人生的時刻

去年到今年，我送走四位朋友。

### ▶ 半導體傳總獻身宗教服務

第一位傳總是我同年紀最好的朋友之一。他是虔誠的教徒，成人之後的生活有很多時間奉獻給教會，也一直在教會相關的領域行善助人。

傅總為人熱情風趣，跟我一樣愛講笑話，我們也一起打高爾夫，打球時他與我常常聯合起來講笑話逗弄其他朋友，大家就可以笑呵呵地共度歡樂周末。我自己經常與傳總相聚，每到周末，就會一起探索附近新的拉麵店，然後嘻嘻哈哈評點評點店裡的服務生。

不過他最常說的事還是他的宗教信仰，以及他退休後奉獻教會的許多理想與計劃。每次他都清楚的告訴我，他最想做的事，就是退休以後，將所有時間奉獻給教會，全職做教會義工。他在述說這個「理想未來」時，他的表情的肢體動作是多麼充滿正面期待與積極思想。

傅總與很多人不同的是他說到做到。上班三十多年以後，他退休之後立刻全職奉獻到教會活動。不但在他自己的教會，他還到許多窮鄉僻壤去推廣傳道，也到中國大陸去實習學習，希望能協助當地的教徒。後來幾年，每次聚會，他就會津津樂道地談起他在這些地區遇見什麼樣的人，碰見什麼樣的狀況，自己又從中領會了什麼主的恩典。

我不是教徒，本就沒有資格評論他的信仰價值何在，以及從事如此工作是否就合乎他的理想。但我可以肯定，傅總退休以後那幾年的生活絕對非常充實，而且是那種發自於內心的充實。

有一回我與他在附近一家很好吃的「陳媽媽餐廳」吃拉麵，傅總一邊咳嗽一邊興奮地談教會服務的事，之後就很久沒再看到他。

我以爲他又去了大陸邊疆爲教會服務，不以爲意。結果卻聽到傅總他肺癌末期（傅總是位不吸菸的人），沒剩多少時間。我與球友們都不敢相信。

這段時間我與傅總電郵通信，很多時候他沒回函。我去看他的時候，看見掉了四十磅以上的他，孱弱不堪，鼻孔套著呼吸管坐在輪椅上行動，然後在太太的攙扶中與我們微弱地交談。再過了半年，就傳來他往生的噩耗。他前後與癌症搏鬥大約一年。

他的家人在追思典禮時告訴我們，傅總最後的一段時間都在與主對談，告訴主他還有多少事情還沒做完，但也很高興不久之後就會歸到主身邊。他們的敘述是說，傅總最後幾個禮拜已經迷糊，但還是每天禱告，虛弱地呼喚「哈利路亞！I am coming！I am coming！」

傅總在退休後就立刻全職投入教會服務，不眠不休的投入奉獻好幾年，做他想做的事。但就連這位懷抱偉大情操積極行動的好友，他的時間都還不夠。朋友們，今天仍然健在的你們，還在等什麼？

傅總的追思典禮，禮堂裡裡外外擠爆了，可見他在世時幫了多少人，做了多少好事，結了多少善緣。他的追思禮拜應該兩小時，但因爲上去分享演講的人太多，差不多三小時才結束。

當時坐在位子上的我，不禁想到，傅總過世以前那段時間，他最想要的是什麼？

他會希望聽到那些在臺上口沫橫飛講偌多歌功頌德的美麗演說嗎？不會的。他會希望葬禮禮堂擠爆帶來所有人對他崇敬所帶來的身後虛榮嗎？我理解他，知道他本人不會在乎的。事實上，我聽得出來，有幾位上臺分享的牧師，其實與傅總生前並不熟悉，或許這對他們來說，只是又一個闡述道理的平臺。

我所瞭解的傳總，他肯定會想要一件事：那就是再給他幾天，讓他再做完他想做的事。我們到他的棺木前鞠躬致敬，見到已經平靜的他，安詳地躺在那兒。那個時刻是絕對的。我沒有資格猜想傳總是否往生之後去了更美好的地方，但躺在棺木裡頭的他，與這個世界切割分離，無法再做他眞正想做的事，則是絕對的。

這個想法，我猜測與往生以前的蘋果電腦創辦人賈伯斯大概也類似吧？享有全世界崇敬的賈伯斯，如果有法子使用他財產的一部分，幾億美金就好，來換取再一年活命時間讓他繼續實踐理想，我猜想他一定要的。

其他我們這些想要發揮自己才華，實踐自己理想的人，還在等什麼？

## 7.3 你的人生時間怎麼用，才不遺憾？

### ▶ 科技界呼風喚雨的易總

第二位送走的人易總可是位鼎鼎大名，當年掌控全世界個人電腦市場脈動的主要人物。數個月以前我本人沒到場參加他的告別，但對他的過世，遙遙地也有一定的感觸。

易總縱橫半導體界超過三十年，在他全盛時期，他領軍製造的零件是所有個人電腦的主要引擎。可以這樣說，全世界所有製造個人電腦的廠商，沒有一家不需要向他鞠躬致敬請求協助的。尤其當零件缺貨時，易總簡直就是像個皇帝一樣，去哪裡都可以腳不著地讓人前呼後擁。所以你如果認識易總，對他那充滿自信的談話態度就不會覺得奇怪。

公元二〇〇〇年，我與合夥人在矽谷創立橡子園創投的時候，邀請了幾位科技界大佬擔任顧問，其中有一位就是易總。當時他已經差不多安排退休了，就來擔任我們所投資的幾家公司董事與顧問。

毫無疑問的，當年易總在全世界科技界的地位不出其右，更是華人圈子裡的頂尖。有好幾份報導稱呼他爲華人在美國科技界最高階的標杆。不過由於他工作與美國白人主流走的十分親近，所以他的思維態度跟著也十分美國式。對於一些華人新創公司，他會不假顏色地嚴厲批評。

我記憶猶新的是，當兩家我們投資的公司情況不好時，易總擔任他們的董事。最後公司支持不下去解散，易總就毫不容情地對那些公司團隊斥罵：「你們這完全是浪費我的時間，This is a waste of my time！」

也就是那個時刻，我才體會，並非每個人都選擇在世的時間去幫助他人。不是他們沒有愛心，而是他們對「値不値得花時間」的思維與我們不同。

「時間」這個東西，大家都不夠。

所以「時間」的最佳安排使用，可以看出每個人的智慧。

譬如易總，如果今天比爾蓋茲找他開會，他就會急急忙忙跑去了。但如果一些有創意的年輕人想請教他，他可能會覺得自己當年何等風光，當年出將入相，今天何必浪費時間跟你們這些小孩子瞎混？

我們橡子園的宗旨是協助年輕人創業，幫助新創公司在摸索中找到方向，不要走冤枉路。所有我的合夥人與相關的顧問，都有同樣的情操與熱愛。我一直以爲，易總也懷抱如此助人爲樂的感情。但後來我知道，不是每個人都能做雪中送炭的工作，大部分人還是比較傾向做錦上添花的美事。

這裡頭沒有對或錯的評判，完全只是個人憑自己意識做選項而已。易總不久之前走了，昔日再怎麼風光，如何地在全世界呼風喚雨，都只剩下褪色的回憶而已。他在世的時間是否暢快妥善地使用了，大概也只有他自己知道。

## 熱愛跳舞的陳女士

第三位送走的朋友陳女士，她是我的書迷，也是在矽谷爲科技界服務多年的優秀從業員。她走的時候才四十多歲，十分年輕。

陳女士是位清新可喜，善良友好，在矽谷華人科技界服務多年，爲亞洲與矽谷的鏈接貢獻了許多年的大好人。很久以前，當我第一本書在台灣暢銷的時候，她透過朋友找到我，我們經過書本結爲好友，一直相談甚歡。

陳女士的最愛是跳舞。她從小習舞，民族舞蹈的表演自幼到大從未間斷過。到美國留學以後，她還繼續在德州一邊進修，一邊繼續舞蹈創作。

陳女士離開德州學校之後，來到了矽谷。爲了工作，她經過長久掙扎，最後還是放棄了一生最愛的跳舞，改爲朝九晚五的上班。但是她的熱情與善良，她的藝術氣息，我們在平日的應對之中可以深深感受。

陳女士的告別禮上，播放最多的就是她到處表演民族舞蹈的錄影與照片。她的體態輕盈，舞姿曼妙，眞是不可多得。我還記得有幾次她到我家來聊天，因爲我太太本身是運動類型的跳舞老師，她倆就在我的舞蹈室裡聊的好開心。

她的先生在追思的時候也說，陳女士永遠沒有忘記自己對舞蹈的熱愛，那是她一生的核心才華。很可惜後來她沒能再繼續發揮，只留下空白與遺憾。

坐在禮堂座位上的我，又想到同樣的問題。如果再多給陳女士幾年，而且她知道這是人生最後幾年，她會選擇繼續上班呢？還是選擇拋掉一切，讓自己盡情的跳舞？

今天這已是無法回答的問題了。

## 7.4 一路玩到發，一路玩到掛

是人，總會要走的。

走的時候，除了宗教提供你往生極樂或輪迴再世的憧憬之外，一切都是絕對的。

這一點搞清楚了，自然瞭解，你的價值完全在於自己如何使用這一生。你的軀殼好壞美醜是一回事，但你的心與你的靈魂，則坦白存在於你內心，讓你無法始終自我欺騙的。想要此生可以「一路玩到發，一路玩到掛」，就是這麼一回事：做出對自己忠實的選項。

好好讓自己一生痛快發揮，是一個選項。雖然它需要你面對挑戰，費盡功夫讓眞我在這世界上勇敢出現，得費力的。

另外一個選項，則是讓自己遵照從小以來受教的規矩，踱步前往前人走過的路徑，依樣畫葫蘆地再走一次。或許臨走前會告訴自己：「我雖然一生沒啥發揮，但平安度過也不必奮鬥，似乎過的也挺不錯啊？」當然也是一個選項。

可我發現，這個從「自我保護」發展出來的自圓其說，到後來轉變成「自我畏縮」、苟且偏安的態度，根本上是錯誤的。

我不在鼓勵你叛逆，更不在煽動你非革命不可。但我認爲，從來沒有任何人在生下來以後就選擇要自我糟蹋，浪費一生的。你身邊的經歷，大多也都是教你要成大功立大業。家人教你的方式與內容你不見得同意，但總也是在教你要出人頭地。學校訓誡你的八股或教條，你不需要照單全收，但基本上都還是希望你頭角崢嶸的。

因而我的結論只有一個：每個人都希望自己一生過得好，而且能充分發揮自己潛能。只是過程中你自己因爲種種外界的影響而選項錯誤，選擇了苟且偏安，走上了庸庸碌碌。

## ▶與癌症奮鬥的矽谷名人

第四位送走的，是我非常要好合夥人的太太。

我並未設計在這一章全部都拿往生者的故事來協助我闡述看法。但湊巧提筆至此，一位矽谷重量級好友來電通知，他的夫人抗拒癌症奮鬥一年之後，已經進入彌留期的最後一段時間。

收到通知之後，我與家人立刻趕去醫院加護病房看她。

這位女士在世時是位不可多得的才女。她是書香世家出身，本人擅長油畫、國畫，以及書法，然後熱愛音樂與戲劇。多年來她與先生在矽谷支持華人參政不遺餘力，在美國加州的華人圈子以及主流圈子裡都是鼎鼎大名的慈善家以及企業家，包括當紅的美國政治領袖都曾經到她家拜訪，進行募款活動。他們家每年透過捐助以及親身參與，非常頻繁地支持各項公益活動。她的先生與我合作過數家公司，托他的福，這家公司前後都股票上市成功。過去十餘年，我們兩家加上其他朋友每年都定期一起出遊，去過十幾個國家與地區旅遊，大家感情融洽。

可是在加護病房看到的才女，早已不是當初的模樣。

癌症確實可怕。當癌症細胞擴散全身的時候，她全身浮腫，皮膚黝黑，醫院只能靠長時間打抗生素支持她生命的短期延續。手臂上脖子上插滿各種管子，消炎的、止痛的、營養的、殺菌的，還有一些我說不上的特殊藥物。我們到了病房與她打招呼時，她也已經不清不楚，只是很想跟我們手握手，我們可以看出她是在努力地掙扎。

我沒有資格談論任何人的一生，但我相信沒有人甘願走的太早，大家應該總在臨走之前希望再有多一些時間，再能多做一點事。這位女士好友的一生，我卻可以很明白地確認，她活的像一株綻開的花朵，淋漓盡致燦爛徹底的開放過了。

雖然說，病患痛起來的時候痛不欲生，親人走的時候大家也痛苦唏噓，而這也正是上天安排每個人都要走過的同樣過程：重點是，有幾個人能說自己確實痛快地度過一生？有幾個人能說自己在世的時候，想做的都做了，希望嘗試的也都嘗試了？

也就是說，「一路玩到發，一路玩到掛」這句話的重點，完全不在「掛」這個不好的單字，也不在「發」這個世俗銅臭的單字，重點反而是在前面「一路玩到……」這美好的四個字。事實上，你無法控制管理自己何時掛掉，但你絕對可以控制管理自己如何一路去玩。

## 7.5 全身投入田園開墾，幫助更生人的吳基邦

很多人認爲建國中學是台灣最好的高中，也是父母希望孩子能就讀的好學校。我在建中三年，交到很多好朋友，除了一起玩樂的搖滾樂團好友之外，還從不同背景的多元同學身上學習很多。

畢業五十年之後，經由LINE群組聯繫，近來我們幾位同學居然還能夠相聚，眞是天下最幸福的美事之一。

同學們豐功偉業自然不必說，吃喝玩樂的人生也不足爲奇，倒是同學吳基邦退休以後選擇的好玩一生，公益奉獻，的確讓人敬佩感動。吳基邦事業有成的部分我不很清楚，只曉得他做生意十分成功，同時他也在教會裡頭服務多年，一直選擇幫助弱勢。

他在新台北市長期租了一塊風景優美的農地，自己親自下去開墾。他從水源，翻地，建設農宅，全都自己帶著人動手。這塊地不大，裡頭種了數十種綠油油的青菜。我們到他的農場去玩，自己可以親手摘採南瓜、黃瓜、多色辣椒、地瓜葉、番茄、各種青菜，還享用吳基邦當場以天然綠葉炮製的涼茶。這一切全部天然有機，在藍天白雲與芳香綠草之中度過每一天。這個人生選項可就對了。

吳基邦的農田旁邊是個中型養雞場，一共養了四百隻雞。我們去參觀的時候，他剛好全部賣給了大批發商，剩下一隻最強壯的公雞，留下來煮成「立正雞」款待同學。（你們吃過立正雞嗎？超Q的！）

不過吳基邦的好玩人生如果只是退休後搞搞農場，那麼他就與許多類似的例子差不多，寫到這兒，我也只替他高興而已。

吳基邦的農場，最感人的是他將這塊農場改造成更生人的再生地，讓那些由於過去錯誤而現在無處可去的人得到一個重新出發的起始點。

兩位更生人跟我們分享他們的故事：

有一位大約四十歲的更生人，以前是開卡車的司機，因爲愛喝酒喝到每日酩酊大醉，流連街頭連家都不回。結果他荒廢了工作，導致失去所有積蓄，害得太太小孩都離開他。這段時間他努力想戒酒，但過程中受不了戒酒之苦，他染上了毒癮，問題像漩渦般地將他捲入深淵，他自己也變成街友，最後幹了壞事進了牢獄。

出獄之後，他的妻子還算支持他，但是沒有人要聘雇他這個蹲過監牢的人。吳基邦收容他，讓他重新開始學習農耕，鼓勵他創造新機會，是眞正的「更生」。他在與我們分享的時候，我們可以感覺到他眞誠的感動，以及再生的決心。

另一位更生人比較年輕，他也是工人出身，但因爲染上了酒癮，惡化成毒癮，結果散盡家財妻離子散。他更糟糕的是連家人都不理睬他，是眞正的進退失所走投無路。他說吳基邦教他很多新東西，協助他建立新的人生，說著說著，他感動地哭出來了。

我自己也從事一些公益慈善事務，但吳基邦的作法與我及一般人大大不同。

他的做法是決心堅定的直接投入，劍及履及，毫無退路的做法。

他開創農場讓更生人在有個屋簷屋頂的地方住下，這是無比重大的責任，不能因爲明天覺得累了，就自己放假停止不做的。

我另外觀察到一個重要的事實，就是吳基邦選擇做這件事，每天都快樂充實。

讀者們別搞錯，以爲開設農場與培養更生人是什麼羅曼蒂克的事？別將它想成是一部歌功頌德的電影。ＮＯ！絕對不是！吳基邦德公益事業是一項每天都有頭痛與挑戰的工作，也就是一般人口中常說的「你沒事找事幹嘛？」

我將吳基邦的生活包括在「好玩人生」裡頭，有點不好意思。因爲他的工作本身是墾地澆水除蟲拔草，全部都是眞正的苦工苦勞。他又選擇與被社會拋棄的人打交道，照顧不穩定而且可能會帶來風險的危險族群，這一切都是非常偉大的選擇。

但我回到原點，要講清楚一個觀點：這一切都是吳基邦自己選擇無怨無悔要做的事，因此它就是吳基邦的痛快人生。

## 7.6 從投資銀行轉戰選舉制度顛覆的張天鶵

與張天鶵認識的時候，他還是台灣瑞士信貸（Credit Suisse）的總經理。我跟這位哈佛大學畢業的高材生有前後淵源，他多年前曾經在我投資協助創立的軟件公司 Avanti 擔任財務長，而當時瑞士信貸則是我使用的投資銀行之一。

張天鶵與我一見如故，這十幾年來我倆經常談論彼此的感想與心願。我的工作內容是天使投資、搖滾音樂、寫作出版，以及健康運動。他半退休之後的工作則是練氣功、參禪學佛、參與多家董事會，以及晚近投入顚覆選舉制度。我倆截然不同的生活與工作，像兩條平行線般地各自努力向前。

張天鶵提倡「新創負數票選舉制度」，並從台灣邀請了施明德、陳長文等政治明星一起成立負數票協會，我也忝爲其中發起人之一。雖說最早的政治思維起源來自國外，但全世界眞正在熱心推動的，大概他是第一人。

簡單地說，「負數票選舉制度」是要修改目前通行的選舉規則。一人還是只有一票，但可以投負數票反對某人當選。正票扣除負票後，較高票者當選。

這是相當合乎現實的。我們經常感覺，臺面上與選票上那幾個聲嘶力竭的候選人其實都不好，結果我們只能選舉其中比較不惡的。如果今天給你機會以負數票來發言，除了不需要勉強圈選任何一個候選人（沒有一個喜歡），你還可以用一票去拒絕某一個你認爲非常不恰當的人選（有某一位你更不喜歡）。

目前通行的選舉制度，如果你不喜歡任何一位候選人，只有（1）。棄權不投票，或（2）。勉強投票給某位比較不討厭的。現在你同樣的一票，就不需要勉強支持某個人，但卻可以清楚地拒絕支持某個人。我常想，希拉蕊柯林頓與唐納川普競選的時候，大家的看法對兩者都不看好。選舉前一般民意調查，都認爲不喜歡川普的人居多，但結果川普因爲在某些州得到白人支持，竟然以較少票數但較多州代表當選（希拉蕊贏得較多票數）。如果有負數票在中間制衡，讓某些周的民意眞相出現，川普應該就不會當選。

這個解釋對不對我不曉得，不過它並非我的重點。我想要描述的是，張天鵜選擇自己要幹這件事，絕對是典型的「沒事找事」，而且找的是「給自己最多痲煩的事」。

想要「好玩一生」，好說歹說，也得找個好玩一點的選項來玩。爲什麼張天鵜在退休以後，明明不愁吃穿可以舒服的日子裡，反而選擇跳入政治大染缸來推動如此一項吃力不討好的工作？

他開始推動以後，果然社會意見與批評聲音就沒有間斷過（正面看法也很多），名嘴抓到這個題材，更是一知半解的就在螢幕上嚴加撻伐。張天鷞必須用很大的力量去一個一個去面對與解說。

我對負數票制度的理解只有皮毛層次，但我可以瞭解它的實際推動絕對是非常困難的。因爲這是一樁需要經過漫長時間與度過重重關卡才能見到天日的難事。它的過程必須從小地區（譬如說某個區的某個里）得到支持，逐漸推動到大市區（譬如台北市的中山區）獲得認可，經過實驗驗證之後才能夠逐漸進展到全國，最後還需經由立法院或全民公投通過。平常一個普通的案子都已經在立法院裡頭打得不可開交了，這個動搖既得利益的新選舉制度一定會碰到更多阻礙的。

張天鷞就說：「我一開始就知道這是難上加難的事，但我就是要做，而且一做就不會停下來。」然後他語重心長地補充：「因爲這份工作不一定在我有生之年可完成。但沒關係，只要我能起個頭，讓大家知道有這麼回事，就已經是很大的成果。」

然後張天鷞告訴我：「開始提倡這個概念，將之付諸行動以後，我每天都迫不及待地要從床上跳下來開始工作，每天都充滿鬥志的想要告訴每個人，所以現在我每天精神抖擻，身體越來越好。」

這是我從旁親眼目睹而可以見證的事實。

到了晚年，有很多人死氣沉沉啥都不玩，但也有人玩繪畫，有人玩音樂，有人遊山玩水。張天鵝選擇玩起選舉正義，而且準備一直玩到老死。

玩的起來玩不起來是另一回事，能否玩大則需要考量更多其他客觀因素。但他玩的不亦樂乎，則是事實。

張天鵝的故事，非常合乎「一路玩到發，一路玩到掛」這個主題。

## 7.7 鑽石婚六十周年的比爾與琳達

我在矽谷參加很多住家附近的運動課程，認識了比爾威爾森夫婦（Bill and Linda Wilson）。

比爾是個典型的開朗豁達美國白人，今年八十歲了，他與高中的青梅竹馬琳達結婚已經六十周年。他們兩人從退休以後就每天運動，就算過去這段時間比爾經歷過三次的心臟導管手術，身體大不如前，他們還是堅持每天運動。

我在之前的章節講過，「一路玩到發，一路玩到掛」一定要包括健康人生。只要看聯合國對人口年齡的最新統計就瞭解，它清楚建議，全世界人均年齡都在延長，今天八十歲以前的人都還算中壯年，過了八十才勉強算是進入老年。中國古語「人生七十古來稀」早已不適用了。比爾與琳達這對八十歲的夫婦，就是年齡新定義的最佳表率。

你知道他們在八十歲所做的運動是什麼嗎？不是你想像中的打坐或太極拳，也不是緩慢散步（雖然這些都是適合八十歲人士做的運動），而是劇烈的有氧舞蹈以及其他同等級的流汗運動。

八十歲的他們，經過運動還認識了許多朋友。在朋友群中，他倆總是最受歡迎的核心人物。這些朋友運動結束之後就會在運動館外面找張桌子擺起龍門陣，他們可以運動一小時然後聊天三小時，每天不但不寂寞還忙的很。他們的聊天除了天南地北以外，還包括了計劃安排上哪家館子吃美食，或某一天搭火車到舊金山去看歌劇，要不就是討論是否去什麼名勝古跡旅遊。

同樣年紀的「老人」，會有很多選擇「認老」。「認老」是一種心態，表現出來就是「倚老賣老」的態度，動不動就說「我們到了這個年紀，就應該如何如何……」以及對新的事物有一種「哎呀，算了吧！我這把年紀不用再看再學啦！」比爾與琳達這對八十歲的夫婦完全沒有這種問題。

他們沒吃過「鼎泰豐」，我帶他們去見識，連平常非美國食物不吃的琳達都大開眼界讚不絕口。他們沒看過歌劇，有一年舊金山首演《紅樓夢》歌劇，我帶他們去看，他們也從頭看到尾非常高興，還一直問林黛玉、賈寶玉的故事。

讀者們可能會以爲，哈！比爾夫婦雖然八十歲，但因爲他們還很健康強壯，所以幸運地還可以天天激烈運動？一般人也想運動，只是身體不好才無法想動就動。

不是的，其實他倆都有嚴重的健康問題。

好幾次比爾在有氧舞蹈課程中跳到一半會心跳異常，不是太快就是太慢，我們都可以看見他臉色明顯就不對。這時候他會自己停下來休息，讓心跳恢復正常。有一次比爾甚至已經臉色發青，幾乎可以說是當場要掛掉了，在同學的攙扶下退場坐下。

但是下次上課的時候，恢復之後的比爾還是又勇敢地回來上課。

一般「認老」的八十歲老人，可能會選擇說「哎呀！上次上課跳到一半心臟差點停了，保命爲先，我還是不要再跳了！」比爾與琳達也可以如此選擇，接受身體疾病已經打敗他們的如是思維，名正言順地躲回家裡躺回床上。但他們沒有，雖然他們不知道自己還可以活多久，但他們堅持要善用剩下來的每一天，痛快地每天跳躍運動。

他們沒有功名利祿方面的成就，但他們似乎一輩子快樂。我不禁要問，哪一個選項比較值得？

## 7.8 幫助每位朋友運動健身的吳智慧

矽谷有一位天天在幫助朋友健康運動的老師吳智慧。

吳智慧女士以前在科技公司工作兼職中文學校老師近三十年，同時在家裡相夫教子，她的兩個孩子都是從小優秀健康，長大後謙虛客氣而專業有成人緣良好的好男人。

吳智慧喜歡運動，這十幾年來運動更成爲她的核心熱愛。現在大約六十歲的年紀，看起來頂多三十來歲，BMI指數是精彩的二一，其他健康指數大多超標的好。但她運動最特殊的一點，是她在履行一個心願：「如果可能長壽，希望所有的朋友都跟我一起長壽！」也就是說，朋友們，大家來一起運動跳舞，跳到掛掉的那一天爲止。

吳智慧有許多跟著她運動健身的學生，從瑜伽班到有氧舞蹈班，學生口中的吳老師都是一位親切充滿笑容，認眞幫助同學的好老師。她除了在YMCA擁有大量學生之外，自己也有自己的運動工作室。

如果只是教學生運動，那麼吳老師的故事就屬於一般的運動故事。

但吳老師的故事不同。她已經在「華人癌症協會」幫助癌友多年，其中有幾個運動班，就是專門爲癌友開辦的。每到癌友班的跳舞課，整個吳老師運動工作室就熱鬧起來，癌友先會在工作室吱吱喳喳地聊天，然後一起努力運動到全身流汗，經過如此多年訓練，癌友們個個心情開朗，身體狀況也進步許多。

吳老師帶動癌友學生們運動完全是公益義務的。她會先收費，這樣子才會使每位學生尊重與認眞。但是每個月的收費，她會加上自己的捐款，全數捐回「華人癌症協會」。然後每年「華人癌症協會」都會舉辦大型的募款年會，吳老師變帶動數十位學生在臺上載歌載舞，學生們個個歡欣雀躍，而癌症協會的募款也圓滿成功。

吳老師另外一個特點，就是她的上課非常好玩。所有她的學生都覺得上吳老師的運動課，除了眞正運動之外，還可以享受最新的美好音樂。而且吳老師的運動舞蹈全部都是自己創新編制的，每次都有新鮮喜悅，學生們絕對不會有上課上久了總是在重複的感覺。

我是吳老師瑜伽班及舞蹈運動班的學生，一起上課十幾年了，自己也覺得如此維持長期的運動，很自然地感覺體態輕盈，腸胃舒暢。而且我感覺，一個成功的課程，不會只給你上課時間短暫的衝擊，而可以眞正的讓你從頭到尾改頭換面，從心理上開始振作自己，改變衰弱的心靈，跟著全班一起享受還能動一動的美好人生。

另有一位在銀行上班的馬來西亞華僑，跟著吳老師運動已經十年。剛開始的時候，她相當肥胖，動作根本不靈活，平衡也差，銀行同事們說她好像每天都很不快樂，身體毛病又多，天天在辦公室板著臉孔，不好相處。運動幾年以後，她終於領會，她必須給自己一個屬於自己的空間，也就是屬於自己的生命。於是她改變態度，加強運動，後來幾年至少扎實地瘦了二十公斤。銀行經理告訴吳老師說，今天的她好像變了一個人似的，每天興高采烈上班，在辦公室裡嘻嘻哈哈，身體健康，真誠快樂。而且變苗條的她，做什麼事都特別有勁，似乎人生也完全改觀。

這幾年吳老師在運動教學上也精益求精，除了瑜伽、有氧舞蹈，現在還增加了肌肉訓練，以及MELT零疼痛自我療癒。

別以爲肌肉訓練是只有想練六塊腹肌的年輕人才有需要，它其實是任何年紀的人都需要練習的肌肉。肌肉訓練，只有一部分是重量訓練，其他並非全要你練壯或練好看，而是希望維持你身體一定的力量與平衡。當你覺得怎麼最近經常容易跌倒，哈！那就是你腿肌或腰肌失去了力量或平衡減低。當你覺得近來從椅子上或床上站起來比較吃力，那也是先半身跟肚子肌肉變成了肥肉，人也沒力氣了。這時候，某個程度的肌肉鍛鍊會非常有幫助。

至於MELT，更是每個人都可以簡單學習，輕鬆練習的好運動（不能算是運動，應該說是自己身體的重點自我按摩）。MELT，說穿了，只是利用圓球和圓棍在你身上的穴道做按摩或摩擦，我覺得跟針灸的功效有異曲同工而沒有針刺或炙燒的麻煩。如果你熟悉MELT的各種輕鬆步驟，將來那所謂的「腰痠背痛」會完全消失。

這幾年吳老師更進一步，捐出巨款成立自己的運動教育基金會「跨洲基金會（Continental Foundation）」，全力投入非營利的慈善公益事業，並擔任董事長。她繼續爲自己與爲朋友的身體健康努力。

## 7.9 一路玩到發，一路玩到掛，但千萬別玩到占據了年輕人的機會

「一路玩到發，一路玩到掛」是非常好的現代人生態度，但有時候也會引起一些不良效應。

最近參加了矽谷一場很大的科技協會所舉辦的年度大型年會。這場大型年會，我應邀參加了這個大會中午的VIP午餐。午餐結束後，他們邀請了一位剛滿四十歲的私募基金合夥人做演講。這位矽谷華人第二代，科技界後起之秀，講得不錯。

之後協會安排了講者與訪問者們進行了一段對談，由另一位協會的長者擔任訪問。這位擔任訪問的長者本身也是成功者，而且縱橫江湖已經數十年，早已有了足夠的社會地位與認可。他早先也已擔任過主題演講，以我數十年演講的經驗來看，協會長者的演講不但不好，更毫無新意與幽默感，完全是典型的自己講得很樂，而聽眾無聊到發麻的浪費時間。所以我有點詫異，爲什麼現在由他這位七十五歲已經在江湖上露臉數十年的人去訪問剛四十歲的新秀。

老的訪問小的，這件事沒有什麼不對。但是在那一場午宴禮堂裡，至少還有三十

位以上年輕企業家與投資家，他們都沒有任何參與表現的機會，而只呆坐在那兒聽這位老者從早到晚包場表現。我記得自己也經常被邀請擔任對談，如果現場同臺有比較需要曝光的年輕人，我一定讓年輕人多講一些。就像馬雲說過的，不要整個會場裡都是白髮蒼蒼的人搶著談論創新，而要改讓年輕人多多發表。

例如這場對談，這位長著早就應該謙讓，不要占著茅坑不讓年輕人用。我自己過去應邀，經常建議讓更年輕的人來擔綱。例如這次這場對談，就應該讓其他四十歲以下的企業家來訪談這位四十歲的講者，如此協會也會傳出一個正面訊息，就是這協會是培養年輕人的場所，而非老一代成功者互相標榜的老掉牙地方。

這雖是一件小事，但見微知著，從這件小事，我們可以感受當一個人過度長期地壟斷光彩。他在自鳴得意的時候，也正是他引來譏笑嘲諷的開始。一路玩到發，一路玩到掛，鼓勵你從小到老痛快人生。但絕不贊成你因爲沾沾自喜而得了大頭症，明明可以培養後起之秀，卻自己挺著腰桿兒說大話，占據通道，不給年輕人機會。

「一路玩到發，一路玩到掛」的觀念，希望你除了自己玩的很樂，還記得不斷地培養年輕一代跟你一起玩，給年輕一代多多出頭的機會，不要因爲自己的自大而阻擋了更多人出頭的路徑。

亞洲有不少世界著名的企業，經常被神仙般的老先生領導。大家都認知，年高德劭的領導當然經驗豐富，而且英明偉大。但如果不給年輕人機會，其他人不就完全沒有英明偉大的機會了？看來他老兄眞準備一路玩到掛，那麼旁邊一籮筐的優秀人才，是否都只算是跟在身旁崇拜皇帝伺候主上的嘍囉？

過去幾任的行政院長（Prime Minister，等於是國務院總理）卸任後都悄悄地說，許多企業財團領導絕對是目中無人的。因爲每一任的行政院長（國家最高的行政首腦）都要聽他們訓斥，連總統都得看他們臉色。唉！偉大的企業領導，你們究竟瞭不瞭解，你們的偉大，是因爲企業偉大，而非你們個人偉大？而且，再偉大的人物也要過去的，再美好的形象最終也是要進到棺材讓昆蟲吃掉的？留點好印象給世間的人吧！

「老人或老領導」一路玩到發，一路玩到掛，自己痛快，但不放手交給下一代，究竟是好還是不好？通常我們聽見老人們在這種接班的關鍵時刻，最喜歡用的理由就是：「找不到合適的接班人」或「他們的能力尚未成熟」。

這些話當然是標準屁話。

因爲今日臺面上的老領導，當年也都是從青澀年齡開始學習，從啥都不懂，逐漸摸著石頭過河開始，一步一腳印地踏過來直到今天。也就是說，當時有人給了他機會，讓他從失敗中學習進步，他才有玩到今天的可能。如今他長期享受了權威名望燦爛生活，捨不得放掉如此榮耀，不願急流勇退，就設想了一堆冠冕堂皇的理由拒絕交班。

從企業的角度來看：以我本人粗淺經驗來看，認爲企業領導人絕非不可或缺的，更不是無法取代的。健康的企業是建立在健全制度上永續經營，換人不換人或許有些影響，但不會更改公司的健全制度，也不會動搖根本。有沒有可能說，某上市公司執行長生病六個月，公司就關門打烊六個月？不可能的。所以如果自大狂妄，誤將個人的重要性擺在公司之上，誤以爲公司沒有他不行，這個人遲早要倒頭一栽自討苦吃的。

從個人的角度來看：個人的價值爲個人自創，自然就是你自己百分之百擁有的東西，例如你的才華能力，你的創作精華，所以沒有任何人可以拿走。你的才華能力確實永遠屬於你，當然可以「從小玩到大，一路玩到發」。別人或可嘗試抄襲模仿你，但他們不是你，當你加上自己獨一無二的個人特質之後的最終品牌價值，複製高手再怎樣抄襲模仿都學不來的。

## 7.10 退休後的曹興誠玩出新高峰

曹興誠博士是亞洲半導體產業眞正的始祖教父。這個認知，大概除了他的競爭對手之外，所有科技界朋友們都會同意的。

有關他創辦「聯華電子」，以及之後數十年領導「聯電集團」成長爲擁有數十家公司以及數千億台幣實力的大集團，已經有很多人歌功頌德過了，這裡我就不再狗尾續貂多說。至於他後來經常對政府建言，提出如何建立兩岸之間長久和平之道，以及被民眾歡呼建議請他自己出來競選總統的這些事跡，報章雜誌也早有敘述。

我以前只聽說過曹興誠董事長的豐功偉業，以及媒體稱呼他爲「台灣半導體之父」，還有許多經過媒體渲染過正面的「英雄」崇拜與負面的「梟雄」稱呼。基本上我對他的認識跟一般民眾差不多，都知道曹博士是一位非常能幹的領導者，非常優秀的企業家，也是對國家民族充滿情懷的思想家。

這幾年我有幸與曹博士在一家亞洲最大的緊急救援醫療服務公司董事會共事（我本人是這家公司的共同創辦人），近距離瞭解他，對其本人從以前的一知半解進入了深層認識。我感覺他本人，其實遠比以上這些媒體報導的層次還高明很多很多。

誰說退休之後只能遊山玩水？誰說從功名利祿的世界淡出之後就會惘然？

工作與事業是一個世界。但工作與事業之外的世界才更是海闊天空。每個人的人生，不但應該選擇在工作與事業上痛快好玩一生，一旦離開工作與事業之後，更要選擇那更多在等待著你的好玩事情。

曹興誠從聯電集團淡出以後，生活內容還是非常豐富，繼續在歐美亞洲之間飛來飛去。不過我從旁觀察，現在他眞正的生活重心大概有兩大塊一小塊。

第一大塊，他是舉世聞名的藝術與古董收藏家。這不是咱們自己說說而已，國際收藏界權威的雜誌就多次選他爲名列前茅的亞洲大收藏家。前英國蘇富比主席James Stourton出版的《當代大收藏家》(*Great Collectors of Our Time*)一書中，曹興誠榮列一九四五年以來當代最偉大的一百名收藏家，也是進入這份名單中僅有的三位華人之一。不久之前曹先生隨隨便便賣出了一塊宋朝汝窯洗筆碟子，竟然創下世界天價三八〇〇萬美金。而這個碟子還只是曹先生滿滿收藏室的寶貝之一！

第二大塊，他潛心修養，參禪讀佛，而且還經常與人分享佛道，普度大眾。每次我們開會，曹董就會先爲大家上一堂簡短的佛學思想課程。

第三小塊，只要信得過，他會毫不保留的協助創業家或投資基金募資，指導年輕後進經營管理的學問。

我與曹董首次結緣是二〇〇八、〇九年玉山科技協會年會，當時我還在協會的核心領導圈子裡。年會舉辦了一場溫馨的晚會，我請來了「龍的傳人」李建復擔綱演唱，由我鋼琴吉他伴奏並和聲。

曹興誠正好是那一年晚會的主題演講人。他對中國古董市場的怪亂現象有所針砭與建言，也對文化藝術多有闡述。我們在臺上演唱時還對曹董開玩笑，吃他豆腐。幸好曹董雅量，陪我們嘻嘻哈哈，全場一千多人就樂翻天了。當時我就覺得此人很有純眞的幽默感以及渾然天成的氣魄。

我從旁學習觀察，曹董的收藏既多又好，但他似乎對雕塑情有獨鍾，而對中國古代青銅器更有獨到精深的研究。我是外行，去他家參觀他的收藏品時，只能以瞠目結舌驚爲天人的心態欣賞享受。他的客廳牆上掛著一幅日本當代畫家千住博的橫幅瀑布，旁邊一尊曹董最喜歡的站立石佛雕像（我已忘記其出處，只記得線條優美，法相莊嚴），還有其他好多都是曠世巨著圍滿客廳，彼此經過光線協調，和諧地爭奇鬥豔，整個房間透露出和祥優美的氣氛。

曹董就在這樣的氛圍裡每天研讀佛學歷史藝術學問，難怪他意境優雅，得道高深。

近年來，曹興誠最喜歡說明佛法的中心思想爲：「緣起性空，眞空妙有」。他並介紹禪修的精髓是「止、觀」，止即「停止思考」，觀即「開放覺知」。透過「止、觀」

我們可以跟「本覺」保持聯繫，得到平安、喜悅和慈悲的心境。然後他將科學與佛學融會貫通，證明兩者之間彼此牽引，渾然並存的微妙道理闡述給大家聽。有時候我聽著聽著，還眞有醍醐灌頂的感覺。

曹董功成名就之後，見好就收，適時引退，這是他的大智慧。但他從榮耀光環裡頭退休之後所選擇的生活，就透露更精妙的智慧，也是大家的典範。

## 7.11 「從小玩到大，一路玩到發」是為自己，不是為了向他人證明

能夠「從小玩到大，一路玩到發」是一件幸福的事。大部分人自認爲的「一路玩到發，一路玩到掛」，呈現出來的模式大概有兩種。而曹興誠董事長選擇的模式，是我推薦的第三種。

### ▶「一路玩到發，一路玩到掛」第一個典型模式

有些人以爲，他們退休後就可以每天打最喜歡的高爾夫球，那是多麼快樂地「一路玩到掛」！但他每天打球，打了兩個月以後，不是發現自己到處腰痠背痛，就是發現球友不勝其擾地都在躲他的邀約電話。

球友以前特別想打球，是因爲工作上班時抽不出時間打，所以打球這件事當時就是最珍貴的享受。一旦退休以後時間全部空出來，打球就變成理所當然的事情，從「熱烈期盼打球」變成「不打球就沒別的事幹」，忽然間立刻失去了很多昔日的興奮感？

另外有些人以爲，他們退休以後可以每天遊山玩水周遊列國。對部分的人來說，這是合適的選項。但對大部分人而言，物極必反，要你一天到晚換旅館趕飛機，你會自疑究竟旅行是享受還是負擔？因爲，過去在忙碌之間好不容易找到機會旅遊，當然是人生大樂。可是當你淪爲「爲了旅行而旅行」，或轉變成「爲了怕沒事幹，爲了塡滿時間而拚命旅行」，那你剩下什麼樂趣？

## ▶「一路玩到發，一路玩到掛」第二個典型模式

我也認識一些朋友，退休以後，特別強調自己如何如何三百六十五天的愜意，如何如何每天在青山綠水之間垂釣或散步。不過我注意到他們所謂的怡然自得，都必須說給人家聽，都必須贏取人家的羡慕。如果他的朋友沒聽到他有多麼愜意，或他周遭的人不知道他有多麼自在有趣，沒有人羡慕稱讚他，他反而立刻會覺得若有所失。

表面上這是大家嚮往的快樂生活，但骨子裡存在一些問題：以前工作與事業都在爭先恐後搶第一。不管是否第一，至少嘴巴上總要將自己說成第一。現在退休了，「一路玩到掛」，也在潛意識裡頭爭取第一。他巴不得所有認識你的人都舉起大拇指稱讚你「哎呀！您退休的眞好！生活過的眞棒！我們沒得比的！」這是當事人自己渾然不覺的

老毛病。

也就是說，人體雖然退休了，身體雖然開始在玩了，但因爲自己選擇的玩耍是虛的，是浮的，所以他們心態上不斷需要自圓其說。這也難怪他們需要停留在「一再證明自己玩的很好過得很好」的階段，甚至還將自己的「自在優游」作爲超越別人的工具。這樣的人，內心會繼續可憐下去。

## ▶「一路玩到發，一路玩到掛」第三個典型模式

我所推薦的「一路玩到發，一路玩到掛」，是類似創設田園協助更生人的吳基邦，是類似推動附屬票選舉制度的張天鵝，是類似八十歲還堅持快樂運動的比爾琳達，是類似幫助朋友以及癌友的吳智慧老師，也類似放空權勢地位而重新找到好玩的曹興誠董事長。這個模式有五個必然點：

找到自己喜歡的事情，痛快地投入。這一點是任何年齡任何層次都可以做到的，與財力實力無關（有錢玩有錢的遊戲，沒錢就玩沒錢的遊戲）。

重點在於繼續「玩出價值」。價值不一定要大或小，高或低，但總要有它雋永趣味與令自己充實滿意的價值。同時更要有不斷學習，不斷增長見識，讓腦力活動進步的

每日！（不一定要對其他人有價值，但肯定得提供你自己充實感）

最好的「一路玩到發，一路玩到掛」，是你的好玩還能直接或間接地幫助其他人。不管是透過教育，透過引導，透過模範身教，透過獻身公益，總是一邊玩，一邊還可以引發自己與別人的感動。

自己「一路玩到發，一路玩到掛」固然不錯，但如果能跟很多朋友一起玩，跟好朋友一起到老，那可能是更好玩的人生！玩多元的內容，大家一塊兒玩開心的活動，管他是打麻將還是品嘗紅酒，都會樂上加樂。

拜託拜託，都要「一路玩到掛」了，就別再比較，別再爭取認同了！這是個海闊天空的世界，雖然它齷齪的問題很多，但基本上還是海闊天空。找到讓自己稱心滿意的「好玩一生」，不用在意他人怎麼想怎麼說，這就是「一路玩到發，一路玩到掛」的眞諦。

結語

# 獻給所有懷才未遇的個人

《從小玩到大，一路玩到發》這本書，有人會喜歡，有人會批評，歡迎兩者都來。

但事實擺在眼前，世界在快速改變，以前的好東西未來會沒人要，以前的好工作會被更有效率的方式取代，以前認爲沒有價值的職業會被新人類認出新價值，同時間有價值的舊東西迅速遭到淘汰。這個新世代的你，要怎麼辦？新的機會每一分鐘不斷出現，而且會越來越好玩。會玩的人如魚得水，盡興快樂痛快成功。

不會玩的人，只剩下這件事：站在旁邊看別人玩，然後鬱鬱終生。

你也來參與這個新世代吧！一起來淋漓盡致的發揮自己，讓自己好玩一生，痛快一生。從今天起，準備將這些事情做好：

・檢視自己的才華能力（擅長什麼？做什麼覺得容易？）
・瞭解自己的特質特性（你的風格以及與別人的差異區隔？）
・相信自己的內心理想（夢想中最喜歡的終生職業與事業是什麼？）
・將這三樣東西緊密捆綁，毫不妥協地開始發揮（所有的阻礙都會告訴你「不行」）
・讓每個人認識你的才華，多發表，機會就多（名聲是可以積累的，積少成多。名聲越大，機會越大）
・認識你的市場，活用所有資源去接觸這個市場。你只有一個目標，要衝擊這個市場，要震懾你所有的對象（最好是憑著眞才實學，而非只靠搞飛機取得短暫爆紅）
・勇敢的告訴自己，這是我想做的事，你不同意，是你的問題。這樣子你就沒了退路，但有了屬於自己的前景（置之死地而後生）
・人生沒有失敗，只有挫折。挫折就是進三步退兩步，你還終究是在進步中。失敗，只會發生在放棄之後（挫折越多，經驗越豐富，價碼也就越高）
・自己玩的開心，別忘記拉拔別人，獎勵後進，教導你的後輩，給你的後輩機會（一路玩到發，一路玩到掛，帶著別人一起玩，沒有一絲一毫自私的成分）

我每本書裡都會提供聯絡方式。如果你有真本事與好的創作，個人有希望有大發展，歡迎有空來找我聊聊。happyboblin@gmail.com。

人生顧問285

# 從小玩到大，一路玩到發

作　者—林富元
主　編—王瑤君
編　輯—謝翠鈺
行銷企劃—曾睦涵
美術編輯—楊珮琪
封面設計—李涵硯
製作總監—蘇清霖
發 行 人—趙政岷
出 版 者—時報文化出版企業股份有限公司
10803台北市和平西路三段二四〇號七樓
發行專線—（〇二）二三〇六六八四二
讀者服務專線—〇八〇〇二三一七〇五
（〇二）二三〇四七一〇三
讀者服務傳真—（〇二）二三〇四六八五八
郵撥—一九三四四七二四時報文化出版公司
信箱—台北郵政七九～九九信箱
時報悅讀網—http://www.readingtimes.com.tw
法律顧問—理律法律事務所 陳長文律師、李念祖律師
印　刷—勁達印刷有限公司
初版一刷—二〇一七年十一月十日
定　價—新台幣三二〇元
（缺頁或破損的書，請寄回更換）



國家圖書館出版品預行編目（CIP）資料

從小玩到大，一路玩到發 / 林富元作 . -- 初版 . -- 臺北市 :
時報文化 , 2017.11
面；　公分 . --（人生顧問 ;285）

ISBN 978-957-13-7194-8（平裝）

1. 生活指導 2. 成功法

177.2　　106018436

ISBN 978-957-13-7194-8
Printed in Taiwan